ANALECTA

74

STUDIUM BIBLICUM FRANCISCANUM

Per informazioni sulle opere pubblicate
e in programma rivolgersi a:

Edizioni Terra Santa
Via G. Gherardini 5 - 20145 Milano (Italy)
tel: +39 02 34592679 fax: +39 02 31801980
http://www.edizioniterrasanta.it
e-mail: editrice@edizioniterrasanta.it

oppure a

Franciscan Printing Press
P.O.B. 14064 - 91140 Jerusalem (Israel)
tel: +972-2-6266592/3 fax: +972-2-6272274
http://www.custodia.org/fpp
e-mail: fpp@bezeqint.net

Massimo Pazzini, ofm

IL TARGUM DI RUT

תַּרְגּוּם רוּת

Analisi del testo aramaico

Franciscan
Printing Press

Edizioni
Terra Santa

PREFAZIONE

Scopo di questo volume, contenente l'analisi morfologica del Libro di Rut nella versione aramaica (targum degli Agiografi), è quello di introdurre ad una lettura e comprensione della parafrasi biblica in aramaico con una mente o attitudine grammaticale. Scegliendo questo testo, al di fuori della Torah, abbiamo voluto offrire qualcosa di nuovo, che serva da stimolo e incoraggiamento ai volenterosi che desiderano affrontare gli Agiografi.

Il sussidio è destinato in primo luogo agli studenti di aramaico targumico forniti di una buona base della lingua — aramaico biblico e aramaico vocalizzato del targum Onqelos (TO) e del targum dei profeti — i quali intendano affrontare un testo continuo con i problemi ad esso legati. Anche gli studenti più progrediti potranno trarne giovamento. In generale il sussidio potrà rendere un utile servizio alla schiera di volenterosi che desiderano approfondire le Scritture nelle lingue antiche.

La conoscenza dell'aramaico biblico (AB) viene presupposta come si può evincere dai numerosi riferimenti e rimandi ai testi della Bibbia aramaica (in particolare ai libri di Daniele e Esdra). Con questo tipo di approccio gli studenti avranno modo di notare le cose comuni e le diversità fra aramaico biblico e aramaico targumico. Inoltre un confronto continuato con il targum Onqelos farà intuire le differenze fra il nostro targum e quelli del Pentateuco.

Certi di rendere un utile servizio, abbiamo scritto il testo aramaico dall'edizione di A. Sperber, per così dire, di nostro pugno, cercando di vocalizzarlo nella maniera più completa possibile, compresa l'indicazione delle *begadkefat*. Alla fine di ogni versetto viene proposta la traduzione continua del testo aramaico accanto alla traduzione del testo ebraico (TM) al fine di facilitare il confronto fra il testo targumico e la fonte biblica dalla quale è stato tradotto.

Un sentito grazie al collega Giovanni Bissoli dello Studium Biblicum Franciscanum, il quale con competenza ha riletto l'intero lavoro suggerendo diversi miglioramenti. Grazie anche al confratello Matteo Munari, dottorando presso lo SBF, che ha controllato il testo aramaico da noi scritto. Un ringraziamento particolare al prof. Darko Tepert (Facoltà teologica di Zagreb) che ha incoraggiato e sostenuto questo lavoro fin dal suo inizio.

Il volume è dedicato alla memoria di Aniello Pepe, perito tragicamente il 3 aprile 2007, dai familiari che lo ricordano con immutato affetto: la moglie Maria e i figli Gianfranco, Giusy e Annarita; il fratello Gianfranco e le sorelle Annarita e Katia. Grazie anche al loro contributo questo studio ha potuto vedere la luce.

Ci auguriamo che questo lavoro modesto, ma allo stesso tempo impegnativo, susciti interesse verso la lingua aramaica e contribuisca ad approfondirne lo studio particolarmente in relazione al testo della Sacra Scrittura.

Massimo Pazzini
Gerusalemme, agosto 2009

INTRODUZIONE

Queste pagine si configurano come un'esercitazione grammaticale sul testo aramaico del targum di Rut e intendono guidare lo studente ad una lettura motivata dalla morfologia. Ogni paragrafo è così strutturato: prima viene proposto il testo non vocalizzato (una o più parole scritte in grassetto), poi tale testo viene spiegato e vocalizzato, infine viene data una traduzione letterale. Alla fine di ogni versetto viene data la traduzione del testo targumico per esteso accanto alla traduzione del TM. La prima traduzione da noi proposta è letterale quanto più possibile, in modo da rendere i singoli elementi della morfologia (congiunzioni, preposizioni, pronomi, ecc.). Alla fine di ogni versetto il testo viene tradotto in una lingua meno rustica e viene messo in parallelo alla traduzione del TM evidenziando, tramite corsivo, i punti in comune.

L'analisi morfologica del testo aramaico è più completa (e talvolta assai ripetitiva) nei primi due capitoli, mentre diventa più sobria gradualmente in seguito, quando le parole sono già state spiegate e diverse regole e caratteristiche del testo sono state ripetutamente illustrate. Viene dato ampio spazio alla morfologia del verbo del quale si riportano sistematicamente – in particolare nei primi due capitoli – radice, coniugazione, tempo/modo e persona.

Abbiamo fatto riferimenti e citazioni ai manuali della lingua aramaica sia biblica che post-biblica: in primo luogo la grammatica e il dizionario di G. Dalman, le cui lezioni abbiamo preferito in caso di pluralità di proposte, il manuale di Wm.B. Stevenson, poi i dizionari di J. Levy, M. Jastrow e M. Sokoloff, la concordanza al targum Onqelos di H.J. Kasowsky e l'edizione digitale del TO e degli altri targumim (Accordance 7.4 per Mac, la quale propone un testo senza vocali del targum di Rut). Per la vocalizzazione completa e l'indicazione delle *begadkefat* ci siamo affidati, oltre che alle opere appena menzionate, alla nostra esperienza; trattandosi di un testo non appartenente alla Torah la tradizione di vocalizzazione non è così solida e univoca: ogni forma, in particolare verbale, va compresa e "ricostruita". Il testo consonantico aramaico di riferimento è stato preso dall'edizione di A. Sperber (vol. IV, pp. 120-124); abbiamo segnalato una piccola aggiunta di testo in Rut 1,7 (desunta, per quanto concerne il testo consonantico, dal manoscritto *Urbinas 1*, edizione di E. Levine; cfr. bibliografia), inserendola fra due coppie di asterischi (**). Abbiamo, inoltre, apportato una lieve correzione al testo in 4,13 (וילידת per יולידת) segnalandola con un asterisco. Più spesso abbiamo segnalato, nel corso dell'analisi, le principali varianti testuali riguardanti le singole parole.

La vocalizzazione, compresa l'indicazione delle *begadkefat* fuori contesto, è stata completata da noi basandoci in maniera particolare sulle forme attestate nell'aramaico biblico (AB) e, più spesso, sulla tradizione del TO e degli altri targumim. Lo studente avrà così modo di vedere ciò che è comune alle diverse tradizioni aramaiche e ciò che le distingue. Nel testo finale da noi proposto si noteranno non poche differenze, sia consonantiche che vocaliche, rispetto al testo tradizionale che compare nelle *Miqraot Gedolot* e nelle fonti classiche, ma anche nei più moderni sussidi informatici. In pratica, confrontando le diverse edizioni del targum di Rut, si troveranno varianti quasi ad ogni parola.

Per i verbi di III *Yod*, nel riportare la radice, abbiamo dato la forma terminante con *Yod* (es. הוי, אתי, חזי) seguita, quando necessario, dalla forma del perf. 3 m. s. nelle sue varianti ortografiche (es. הוה e ארא).

La vocalizzazione rispetta di solito la *scriptio plena* del testo di partenza non vocalizzato, ad es. לֵיהּ, גּוּבְרִין per גִּבְרָן (1,11), גּוּבַר per גִּבַּר (2,1), שְׁמֵיהּ per שְׁמֵהּ (2,1), לֵהּ per אִדְּכַר per אִדְכַר (4,22), ecc. Abbiamo invece ridotto la doppia *Yod* che indica il suono *ya* oppure *ay* (ad es. נְיָחָא da נייחא in 1,9 e אתגיירת da אִתְגַּיְּרַת in 2,6) e la doppia *Waw* che indica il suono consonantico (ad es. וּלְדָא da ולדא in 1,11 e גּנָא da גוונא in 4,6).

BIBLIOGRAFIA ESSENZIALE

A) Grammatiche, Dizionari e sussidi di carattere grammaticale

Bauer H.-Leander P., *Grammatik des Biblisch-Aramäischen*, Halle 1927 (N.York 1981³).

Beyer K., *Die aramäischen Texte vom Toten Meer*. Samt den Inschriften aus Palästina, dem Testament Levis aus der Kairoer Genisa, der Fastenrolle und den alten talmudischen Zitaten, Ergänzungsband, Göttingen 1994.

Dalman G., *Grammatik des jüdisch-palästinischen Aramäisch nach Idiomen des palästinischen Talmud, des Onkelostargum und Prophetentargum und der jerusalemischen Targume*, Leipzig 1905² (citato Dalman + §).

Dalman G.H., *Aramäisch-neuhebräisches Handwörterbuch zu Targum, Talmud und Midrasch*, Frankfurt a. Main 1922² (citato Dalman + pagina, oppure *ad vocem*).

Epstein J.N., *A Grammar of Babilonian Aramaic*, Jerusalem - Tel Aviv 1960 (in ebraico).

Fassberg S.E., *A Grammar of the Palestinian Targum Fragments from the Cairo Genizah*, Atlanta 1991.

Jastrow M.A., *Dictionary of the Targumim, the Talmud Babli and Jerushalmi and the Midrashic Literature*, New York 1903 (citato Jastrow).

Kasovsky H.J., *Oṣar lešon targum Onkelos*. Concordance. Based on the Version of the Targum Onkelos in the Pentateuch of Editio Sabioneta anno 1557, Revised Edition by Moshe Kosovsky, 2 voll., The Magnes Press, Jerusalem 1986.

Köhler L. – Baumgartner W., *Hebräisches und Aramäisches Lexicon zum Alten Testament*, Leiden 1967-1996 (III ed.). Tradotto in inglese: *The Hebrew & Aramaic Lexicon of the Old Testament*, 5 voll., Leiden, ecc. 1994-2000 (Study edition in 2 voll. 2001).

Kohut A. (ed.), *Aruch Completum*, sive Lexicon vocabula et res, quae in libris targumicis, talmudicis et midraschicis continentur, explicans, auctore Nathane filio Jechielis, 8 voll., Vienna 1878-1892 (1 volume di supplemento edito da S. Krauss 1936/1937).

Levy J., *Chaldäisches Wörterbuch über die Targumim und einen grossen Theil des rabbinischen Schriftthums*, 2 voll., Köln 1959³ (citato Levy).

Luzzatto S.D., *Elementi grammaticali del Caldeo Biblico e del dialetto talmudico babilonese*, Padova 1865.

Magnanini P. – Nava P.P., *Grammatica di aramaico biblico*, Edizioni Studio Domenicano, Bologna 2005 (ristampa 2008).

Morag S., *Babilonian Aramaic: the Yemenite Tradition*. Historical aspects and Transmission Phonology, the Verbal System, Jerusalem 1988 (in ebraico).

Niccacci A. – Pazzini M., *Il Rotolo di Rut. Analisi del testo ebraico* (SBF Analecta 51), Jerusalem 2001.

Pazzini M., *Il Libro di Rut. Analisi del testo siriaco* (SBF Analecta 60), Jerusalem 2002.

Pazzini M., *Lessico concordanziale del Nuovo Testamento siriaco* (SBF Analecta 64), Jerusalem 2004.

Pérez Fernández M., *An Introductory Grammar of Rabbinic Hebrew*, Translated by J. Elwolde, Leiden 1997 (citato Pérez Fernández).

Rosenthal F., *A Grammar of Biblical Aramaic*, Wiesbaden 1961.

Rosenthal F., *An Aramaic Handbook*, Wiesbaden 1967.

Sokoloff M., *A Dictionary of Jewish Babylonian Aramaic of the Talmudic and Geonic Periods* (Dictionaries of Talmud, Midrash, and Targum 3; Publications of the Comprehensive Aramaic Lexicon Project) Ramat Gan – Baltimore 2003.

Sokoloff M., *A Dictionary of Jewish Palestinian Aramaic of the Byzantine Period* (Dictionaries of Talmud, Midrash, and Targum 2; Publications of the Comprehensive Aramaic Lexicon Project) 2d ed.; Ramat Gan – Baltimore 2002.

Stevenson Wm.B., *Grammar of Palestinian Jewish Aramaic*, Oxford 1966 (ristampa II ed.; citato Stevenson).

Vogt E., *Lexicon linguae aramaicae Veteris Testamenti documentis antiquis illustratum* (completamento del dizionario di F. Zorell), Roma 1971.

B) Edizioni del testo targumico (in aramaico)

Beattie D.R.G., "The Targum of Ruth: A preliminary Edition", in Flesher P.V.M. (ed.), *Targum and Scripture. Studies in Aramaic Translations and Interpretation in Memory of Ernest G. Clarke* (Studies in the Aramaic Interpretation of Scripture, 2, Leiden, 2002), 231-290.

Díez Merino L., "Targum de Rut, Ms. De la Biblioteca Nacional (Madrid), n. 7542, de Alfonso de Zamora", *Anuario de Filología* 12 (1986), pp. 19-36.

Lagarde P. de, *Hagiographa Chaldaice*, Leipzig 1873.

Levine E., *The Aramaic Version of Ruth* (Analecta Biblica 58) Rome 1973.

מקראות גדולות, *Miqraot Gedolot* – Bibbia rabbinica con il testo biblico, targumico e con i commenti esegetici. È in corso di pubblicazione un'edizione scientifica: Cohen M. (ed.), *Mikra'ot Gedolot 'Haketer'*. A Revised and Augmented Scientific Edition of Mikra'ot Gedolot Based on the Aleppo Codex and Early Medieval MSS, Ramat-Gan, Bar Ilan University, 1992- (non è ancora apparso il libro di Rut).

Sperber A. (ed.), *The Bible in Aramaic Based on Old Manuscripts and Printed Texts. Volume IV A: The Hagiographa. Transition from Translation to Midrash*, Leiden 1968.

Waltonus B. (ed.), *Biblia Sacra Polyglotta*, tomus secundus, Londini 1655.

Wright Ch. H.H., *The Book of Ruth in Hebrew*. With a Critically-revised Text, Various Readings, Including a New Collation of Twenty-eight Hebrew Mss and a Grammatical and Critical Commentary to Which is Appended the Chaldee Targum with Various Readings, Grammatical Notes, and a Chaldee Glossary, London 1864.

C) Traduzioni moderne del Targum di Rut

Beattie D.R.G., *The Targum of Ruth Translated, with Introduction, Apparatus, and Notes*, Edinburgh-Collegeville 1994.

Díez Merino L., "El Targum de Rut, Estado de la Cuestion y Traduccion Castellana", in Collada V. – Zurro E. (edd.), *El Misterio de la Palabra*, Madrid 1983, 245-265.

Levey S.H., *The Targum to the Book of Ruth: Its Linguistic and Exegetical Character, together with a Discussion of the Date, a Study of the Sources, and an Idiomatic English Translation* (tesi sostenuta presso lo Hebrew Union College), Cincinnati 1934, 35-47.

Levine E., *The Aramaic Version of Ruth* (Analecta Biblica 58) Rome 1973.

Manns F., "Le Targum de Ruth - Ms Urbinati 1. Traduction et commentaire", *Liber Annuus* 44 (1994) 253-290.

Poli E., *Il libro di Rut. Antica interpretazione ebraica*, Edizioni San Lorenzo, Reggio Emilia 1992.

Saarisalo A., "The Targum to the Book of Rut", *Studia Orientalia* 2 (1928) 88-104.

ABBREVIAZIONI E SIGLE

AB	aramaico biblico	perf.	perfetto
accus.	accusativo	pers.	personale
Af.	Af'el	pl.	plurale
agg.	aggettivo	pr.	(nome) proprio
Aram.	aramaico	prep.	preposizione
ass.	assoluto	pron.	pronome
AT	Antico Testamento	Q	Qere
att.	attivo	rel.	(pronome) relativo
avv.	avverbio	s.	singolare
c.	comune	sost.	sostantivo/sostantivato
cfr.	confronta	suff.	suffisso
cong.	congiunzione	Tg	Targum
costr.	costrutto	TJ	Targum Jerushalmi
dimostr.	dimostrativo	TM	Testo Masoretico
EB	ebraico biblico	TN	Targum Neofiti
Ebr.	ebraico	TO	Targum Onqelos
ecc.	eccetera	v./vv.	versetto/versetti
ed./edd.	editore/editori	var.	variante
encl.	enclitico/a		
enf.	enfatico		
f.	femminile		
gent.	gentilizio		
imperat.	imperativo		
imperf.	imperfetto		
indef.	indefinito		
inf.	infinito		
interr.	interrogativo		
Itpa.	Itpa'al		
Itpe.	Itp'el		
Itta.	Ittaf'al		
K	Ketiv		
lett.	letteralmente		
m.	maschile		
NT	Nuovo Testamento		
num.	numerale		
p./pp.	pagina/pagine		
Pa.	Pa'el		
Pe.	P'al		
part.	participio		
pass.	passivo		

Le abbreviazioni dei libri biblici seguono *La Sacra Bibbia* edita dalla Conferenza Episcopale Italiana (*La Nuova Bibbia CEI*, 2008).
L'asterisco (*) accanto ad una forma grammaticale indica che essa non è attestata.

Il Targum di Rut - testo aramaico

Capitolo primo

1,1 והוה ביומי נגיד נגידיא והוה כפן תקיף בארעא
דישראל: עשרתי כפנין תקיפין איתגזרו מן שמיא למהוי
בעלמא מן יומא דאתברי עלמא עד דייתי מלכא משיחא
לאוכחא בהון דיירי ארעא: כפן קדמאי ביומי אדם
כפן תיניין ביומי למך · כפן תליתאי ביומי אברהם · כפן
רביעאי ביומי יצחק · כפן חמישאי ביומי יעקב · כפן
שתיתי ביומי בועז דמתקרי אבצן צדיקא דמן בית לחם
יהודה · כפן שביעאי ביומי דוד מלכא דישראל · כפן
תמינאי ביומי אליהו נבייא · כפן תשיעי ביומי אלישע
בשומרון · כפן עשירי עתיד למהוי לא כפן למיכל לחמא
ולא צחותא למשתי מיא אלהין למשמע פתגם נבואה מן
קדם יהוה: וכד הוה כפנא הדין תקיף בארעא דישראל
נפק גברא רבא מן בית לחם יהודה ואזל לדור בחקלא
דמואב הוא ואתתיה ותרין בנוהי:
1,2 ושום גברא אלימלך ושום אתתיה נעמי ושום תרין
בנוהי מחלון וכליון אפרתין רבנין מן בית לחם יהודה
ואתו עד חקל מואב והוו תמן רופילין:
1,3 ומית אלימלך בעלה דנעמי ואשתארת היא ארמלא
ותרין בנהא יתמין:
1,4 ועברו על גזירת מימרא דיהוה ונטלו להון נשין
נוכראין מן בנת מואב שום חדא ערפה ושום תנייתא
רות בת עגלון מלכא דמואב ויתיבון תמן כזמן עשר
שנין:
1,5 ועל דעברו על גזירת מימרא דיהוה ואתחתנו
בעממין נוכראין אתקטעו יומיהון ומיתו אף תרויהון
מחלון וכליון בארעא מסאבתא ואשתארת אתתא מתכלא

מתרין בנהא וארמלא מבעלה:

1,6 וקמת היא וכלתהא ותבת מחקל מואב ארום
אתבשרת בחקל מואב על פום מלאכא ארום דכר יהוה
ית עמיה בית ישראל למיתן להון לחמא בגין זכותיה
דאבצן נגידא ובצלותיה דצלי קדם יהוה הוא בועז
חסידא:

1,7 ונפקת מן אתרא די הות תמן ותרתין כלתהא עמה
ומהלכא באורחא למתוב לארע יהודה:

1,8 ואמרת נעמי לתרתין כלתהא אזילנא תובנא אתתא
לבית אמה יעביד יהוה עמכון טיבו כמא די עבידתון
עם בעליכון שכיביא דסריבתון למיסב גובריא בתר
מותיהון ועימי דזנתון וסוברתון יתי:

1,9 יהב יהוה לכון אגר שלים על טיבותא די עבדתון
לי ובההוא אגר תשכחון נייחא כל חדא וחדא לבית
בעלהא ונשיקת להון ונטלין קלדהון ובכיאן:

1,10 ואמרן לה לא נתוב לעמנא ולדחלתנא ארום עימך
ניתוב לעמך לאתגיירא:

1,11 ואמרת נעמי תובנא ברתי למה תזלין עמי העוד
כען אית לי וולדא במעי ויהון לכון גוברין:

1,12 תובנא ברתי מבתרי אזילנא לעמכון ארי סבית
מלמהוי מבעלא לגבר ארום אמרית אילו אנא ריבא אית
לי סבר ברם הויתי מבעלא בליליא לגבר וברם הויתי
ילדה בנין:

1,13 דלמא להון אתון מתינן עד די ירבון כאתתא
דנטרא ליבם קליל למסבה לגבר הבדילהון אתון יתבן
עגימן בדיל דלא למהוי מתנסבן לגבר בבעו ברתי לא
תמררון נפשי ארום מריר לי יותר מנכון ארום נפקת בי
מחא מן קדם יהוה:

1,14 ונטלן קלהן ובכיאן עוד זימנא אוחרנא ונשיקת
ערפה לחמותה ורות אדבקת בה:

1,15 ואמרת הא תבת יבמתך לות עמה ולות דחלתה
תובי בתר יבמתיך לעמיך ולדחלתיך:

1,16 ואמרת רות לא תקניטי בי למשבקיך למתוב מן
בתרייך ארום תאיבא אנא לאתגיירא אמרת נעמי
אתפקדנא למיטר שביא ויומי טבא בדיל דלא להלכא
בר מתרין אלפין אמין אמרת רות לכל מן די את
אזילא איזיל אמרת נעמי אתפקידנא דלא למבת כחדא
עם עממיא אמרת רות לכל אתר די תביתי אביתי אמרת
נעמי אתפקידנא למינטר שית מאה ותלת עסר פיקודיא
אמרת רות מה דנטרין עמיך איהא נטרא אנא כאילו הוו
עמי מן קדמת דנא אמרת נעמי אתפקידנא דלא למפלח
פולחנא נוכראה אמרת רות אלהך הוא אלהי:

1,17 אמרת נעמי אית לנא ארבע דיני מותא לחייביא
רגימת אבנא ויקידת נורא וקטילת סייפא וצליבת קיסא
אמרת רות לכל מה דתמותי אמות אמרת נעמי אית לנא
בית קבורתא אמרת רות ותמן אהא קבירא ולא תוסיפי
עוד למללא כדנן יעביד יהוה לי וכדנן יוסיף עלי
ארום מותא יהא מפריש ביני וביניך:

1,18 וחזת ארום מאלמא היא למהך עמה ופסקת
מלמללא לה:

1,19 ואזלן תרויהן עד דעלן בית לחם והוה כד עלן
לבית לחם וארגישו כל יתבי קרתא עילויהון ואמרן
הדא נעמי:

1,20 ואמרת להון לא תהוויין קרן לי נעמי קרו לי
מרירת נפשא ארום אמריר שדי לי לחדא:

1,21 אנא מליאה אזלית מבעלי ומבניי וריקניא אתיבני
יהוה מנהון למא דין אתון קרן לי נעמי ומן קדם יהוה
אסתהיד לי חובתי ושדי הבאיש לי:

1,22 ותבת נעמי ורות מואביתא כלתה עמה די תבת
מחקל מואב ואינון אתו בית לחם במעלי יומא דפסחא

ובההיא יומא שריאו בני ישראל למיחצד ית עומרא
דארמותא דהוה מן שעורין:

Capitolo secondo

2,1 ולנעמי אשתמודע לגברה גבר גיבר תקיף באוריתא
מן יחוס אלימלך ושמיה בועז:

2,2 ואמרת רות מואביתא לות נעמי איזיל כען לחקלא
ואכנוש בשבולין בתר די אשכח רחמין בעינוי ואמרת
לה איזיל ברתי:

2,3 ואזלת ועלת וכנשת בחקלא בתר חצודיא ואורע
אירעהא אחסנת חקלא די הוה לבועז דמן יחוס
אלימלך:

2,4 והא בועז אתא מבית לחם ואמר לחצודיא יהא
מימרא דיהוה בסעדכון ואמרו ליה יבריכינך יהוה:

2,5 ואמר בועז לעולימיה דמני רב על חצודיא לאי דין
אומה ריבא הדא:

2,6 ואתיב עולימא דאתמנא רב על חצודיא ואמר ריבא
מן עמא דמואב היא דתבת ואתגיירת עם נעמי מחקלא
דמואב:

2,7 ואמרת אצבור כען ואכנוש שובלין באלומיא מה
דמשתאר בתר חצודיא ואתת וקמת ואתעכבת כען מקדם
צפרא ועד כען פון זעיר דין דיתבא בביתא ציבחר:

2,8 ואמר בועז לות רות הלא קבלת מיני ברתי לא
תהכין למצבר שובלין בחקל אוחרן ואף לא תעברי
מיכא למיזל לאומה אחריתא והכא תתוספין עם
עולימתי:

2,9 תהא מסתכלא בחקלא דיחצדון ותהכין בתריהון
הלא פקידית ית עולימיא דלא יקרבון ביך ובעידן די

את צחית למויי איזילי למניא ותהי שתיא מויי די
מליין עולימיא:

2,10 ונפלת על אפהא וסגידת על ארעא ואמרת ליה מא
דין אשכחית רחמין בעינך לאשתמודעותני ואנא מעמא
נוכראה מבנתהון דמואב ומעמא דלא אידכי למיעל
בכנישתא דיהוה:

2,11 ואתיב בועז ואמר לה אתחואה אתחוא לי על מימר
חכימיא דכד גזר יהוה לא גזר על נוקביא אלהין על
גובריא ואתאמר עלי בנבואה דעתידין למיפק מינך
מלכין ונביאין בגין טיבותא דעבדת עם חמותיך
דפרנסת יתה בתר דמית בעליך ושבקת דחלתיך ועמיך
אביך ואמיך וארעא דילדותיך ואזלת לאתגיירא ולמיתב
בין עם די לא אישתמודע ליך מאיתמלי ומקדמוהי:

2,12 יגמול יהוה ליך גמול טב בעלמא הדין על עובדך
טב ויהי אגריך שלימא לעלמא דאתי מן קדם יהוה
אלהא דישראל דאתת לאתגיירא ולאתחבאה תחות טלל
שכינת יקריה ובההוא זכותא תשיזיבי מן דין גהינם
למיהוי חולקך עם שרה ורבקה ורחל ולאה:

2,13 ואמרת אשכח רחמין בעינך ריבוני ארום נחמתני
ואכשרתני למדכי בקהלא דיהוה וארום מלילתא
תנחומין על לב אמתך דאבטחתני למיחסן עלמא דאתי
הי כצדקותא ואנא לית לי זכו למיהוי לי חולקא
לעלמא דאתי אפילו עם חדא מן אמהתך:

2,14 ואמר לה בועז לעידן סעודתא קריבי הלכא
ותיכולי מן לחמא וטמישי סעדיך בתבשילא דאתבשל
בחלא ויתיבת מסטר חצודיא ואושיט לה קמח קלי
ואכלת ושבעת ואשתארת:

2,15 וקמת למצבר שובלין ופקיד בועז ית עולימוי
למימר אף ביני אלומיא תהי צבירא ולא תכספונה:

2,16 ואף מיתר תתירון לה מן אסיריא ותשבקון למהוי

צבירא ולא תנזפון בה:

2,17 וצבירת שובלין בחקלא עד רמשא ודשת ית שובלין דצבירת והוה שיעורייהון כתלת סאין סעורין:

2,18 וסוברת ועלת לקרתא וחזת חמותה ית מה דכנשת ואפקת מן תרמילא ויהבת לה ית מזונא דאשתארת לה משבעה:

2,19 ואמרת לה חמותה לאן צבירת יומא דין ולאן אשתדלת למעבד יהא גברא דאשתמודע ליך מבורך וחויאת לחמותה ית דאשתדלת למעבד עמיה ואמרת שום גברא דאשתדלית עמיה יומא דין מתקרי בועז:

2,20 ואמרת נעמי לכלתה מבורך הוא מפום קודשא דיהוה דלא שבק טיבותיה עם חייא ועם מיתייא ואמרת לה נעמי קריב לנא גברא מפרוקנא הוא:

2,21 ואמרת רות מואביה אף ארום אמר לי עם רביא די לי תתוספין עד זמן דכדי ישיצון ית כל חצדיא די לי:

2,22 ואמרת נעמי לות רות כלתה שפיר ברתי ארום תיפוק עם עולימתוהי ולא יערעון ביך בחקל אוחרן:

2,23 ואדבקת בעולמתוי דבועז למצבר עד דישיצי חצד סעורין וחצד חטין ויתיבת עם חמותה:

Capitolo terzo

3,1 ואמרת לה נעמי חמותה ברתי בשבועה לא אניח עד זמן דאתבע ליך ניחא בגין דייטב ליך:

3,2 וכען הלא בועז דאשתמודע לנא דהוית בחקלא עם עולמתוי הא הוא מבדר ית אידר סעורין ברוחא די בליליא:

3,3 ותחלילי במיא ותסוכי בוסמנין ותשויאי תכשיטין

עליך ותיחתין לאידרא לא תתפרסמי לגברא עד
שיציותיה למיכל ולמשתי:

3,4 ויהי בעידן משכביה ותדעין ית אתרא דידמוך תמן
ותיעולי ותגליאי ית ריגלוי ותדמוכי ותהא שאילא
מיניה עיטא והוא יחוי לך בחכמתיה ית די תעבדין:

3,5 ואמרת לה כל די תימרין לי אעביד:

3,6 ונחתת לאידרא ועבדת ככל די פקדת חמותה:

3,7 ואכל בועז ושתא ואוטיב ליביה ובריך שמא דיהוה
דקביל צלותיה ואעדי כפנא מן ארעא דישראל ואתא
לדמכא בסטר ערימתא ועלת רות ברז וגליאת ריגלוי
ודמכת:

3,8 והוה בפלגות ליליא ותוה גברא ורתת ואתרכיך
כליפתא בשריה מן רתיתא וחזא אתתא דמכא כל קבל
ריגלוי וכבש יצרייה ולא קריב לותה היכמא דעבד יוסף
צדיקא דסריב למקרב לות מצריתא אתת ריבוניה
היכמא דעבד פלטיאל בר ליש חסידא דנעץ סיפא בין
מימרייה ובין מיכל בת שאול אתת דוד דסריב למקרב
לותה:

3,9 ואמר מאן אנת ואמרת אנא רות אמתך ויתקרי שמך
על אמתך למסבי לאינתו ארום פריק אנת:

3,10 ואמר בריכה אנת מן קדם יהוה ברתי אוטבת
טיבותיך בתראי מן קדמאי קדמאי דאתגירת ובתראי
דעבדת גרמיך כאתתא דנטרא יבם קליל עד זמן דירבי
בגין דלא למהך בתר רובין למעבד זנו עמהון אם מסכן
ואם עתיר:

3,11 וכען ברתי לא תדחלין כל די תימר לי אעביד
ליך ארום גלי קדם כל יתבי תרע סנהדרין רבא דעמי
ארום איתתא צדיקתא אנת ואית ביך חילא לסוברא ניר
פיקודיא דיהוה:

3,12 וכען ארום בקושטא ארום פריק אנא ואף אית

פריק אוחרן דחזי ליה למפרק יתר מני:

3,13 ביתי בליליא ויהא בצפרא אם יפרקיך גברא דחזי
ליה למפרקיך מן אוריתא הרי טב ויפרוק לחיי ואם
לא צבי למפרקיך ואפרוקיניך אנא אמרית בשבועה
קדם יהוה כמא דמלילית ליך כדין אעביד דמוכי עד
עידן צפרא:

3,14 ודמכת מלקביל ריגלוי עד צפרא וקמת בקריצתא
עד לא אשתמודע גבר ית חבריה מן קדם חשוכא ואמר
לעולמוי לא אישתמודע לגבר ארום אתת אתתא
לאדרא:

3,15 ואמר הבי סודרא די עלייך ואחידי בה ואחידת
בה וכל שית סאין דסעורין ושוי עלהא ואייתי לה כח
מן קדם יהוה לסוברותהון ומן יד איתאמר בנבואה
דעתידין למיפק מינה שיתא צדיקי עלמא דכל חד וחד
עתיד למהוי מתברך בשית בירכן דוד ודניאל וחברוהי
ומלכא משיחא ועל בועז לקרתא:

3,16 ואתת לות חמותה בקריצתא ואמרת מן אנת ברתי
וחויאת לה ית כל מה דעבד לה גברא על פום מימר
מן קדם נבואה דאתגליאת ליה עבד לה:

3,17 ואמרת שית סאין דסעורין האלין יהב לי גברא
ארום אמר לי לא תהכין ריקניא לות חמותיך:

3,18 ואמרת תבי ברתי עמי בביתא עד זמן דתדעין
אכדין יתגזר מן שמיא ואכדין יתפריש פתגם ארום לא
ינוח גברא אילהין ישיצי לטב פתגמא יומא דין:

Capitolo quarto

4,1 ובועז סליק לתרע בית דינא דסנהדרין ויתיב תמן
עם סביא והא פריקא חלף דמליל בועז לרות ואמר

סטי תיב הכא גבר דצניען אורחתיה וסטא ויתיב:

4,2 ודבר עשרתי גוברין מסבי קרתא ואמר תיבו הכא ויתיבו:

4,3 ואמר לפרוקא אחסנת חקלא די לאחונא לאלימלך זבנת נעמי די תבת מחקל מואב:

4,4 ואנא אמרית אגלי אודנך למימר קנה כל קביל יתבי תרעא דבית דינא דסנהדרין וכל קביל סביא דעמי אם אית רעותך למפרוק פרוק ואם לא אית רעותך חוי לי ואנדע ארום לא אית בר מינך דהוא רשאי למפרוק קדמך ודהוא קריב למיתב כוותך ואנא אדע מינך ופרוקא אהא בתרך ואמר אנא אפרוק:

4,5 ואמר בועז ביום זבינתך ית חקלא מן ידא דנעמי ומן ידא דרות מואביתא איתת מיתא חייב את למפרוק ובעי ליבמא יתה ולמסבה לאנתו מן בגלל לאקמא שום מיתא על אחסנתיה:

4,6 ואמר פרוקא כי האי גוונא לית אנא יכיל למפרוק לי על דאית לי אתתא לית לי רשו למיסב אוחרניתא עלהא דילמא תהי למצו בביתי ואהא מחביל ית אחסנתי פרוק לך את ארום דלית לך אתתא ארום לית אנא יכיל למפרוק:

4,7 וכהדא מנהגא בעידנא די מלקדמין מתנהגא בישראל בזמן דשקלן וטרן ופרקן ומחלפן חד מן חבריה ומקיימין כל מידעם וטלע גבר ית נרתק יד ימיניה ואושיט ביה קניין לחבריה והכין נהגין למקני בית ישראל חד מן חבריה קדם סהדיא:

4,8 ואמר פרוקא לבועז אושיט ידך לקנינא וקני לך וטלע בועז ית נרתק יד ימיניה וקני ליה:

4,9 ואמר בועז לסביא ולכל עמא הוו סהדין אתון עלי יומא דין ארום קניתי ית כל מה דהוה לאלימלך וית כל מה דהוה לכליון ומחלון מן ידא דנעמי:

4,10 ואוף ית רות מואביתא איתת מחלון קניתי לי
לאינתו בגין למיקם שום שכיבא על אחסנתיה ולא
ישיצי שום שכיבא מלות אחוהי ומתרע סנהדרין
דבאתרייה סהדין אתון עלי יומא דין:

4,11 ואמרו כל עמא די בתרע סנהדרין וסביא סהדין
אנחנא יתן יהוה ית אתתא הדא דאתיא לביתך כרחל
וכלאה די בנו תרויהון ית בית ישראל אבונן בתרי עסר
שבטין ועיבד חילא באפרת ותהי קרי שמא בבית לחם:

4,12 ויהי מצלח ביתך כבית פרץ די ילידת תמר
ליהודה מן זרעא די יתן יהוה לך מן ריבא הדא:

4,13 ונסיב בועז ית רות והות ליה לאינתו ועל לותה
ויהב יהוה לה עידוי *וילידת בר:

4,14 ואמרן נשיא לנעמי בריך שמיה דיהוה דלא פסק
ליך פרוקא יומא דין ויתקרי שמיה מן צדיקי ישראל:

4,15 ויהא ליך למקיים נפש ולכלכל ית סיבתך
בתפנוקין ארום כלתך די רחימת יתך ילדתיה דהיא
הות טבתא ליך בעידן ארמלותיך מסגיאין בנין:

4,16 ונסיבת נעמי ית רביא ושויאת יתיה בעיטפה והות
ליה לתורבינתא:

4,17 וקראן ליה שיבבתאן שום למימר אתיליד בר
לנעמי והוו קראן שמיה עובד הוא אבוי דישי אבוי
דדוד:

4,18 ואילין תולדת פרץ פרץ אוליד ית חצרון:

4,19 וחצרון אוליד ית רם ורם אוליד ית עמינדב:

4,20 ועמינדב אוליד ית נחשון ונחשון רב בית אבא
לבית יהודה ונחשון אוליד ית סלמא צדיקא הוא סלמא
מן בית לחם ונטופה דבטילו בנוי פרזדאוון דאותיב
ירבעם חייבא על אורחי והואן עובדי אב ובנין יאוון
בנטופא:

4,21 ושלמון אוליד ית אבצן נגידא הוא בועז צדיקא די

על זכותיה אשתיזבו עמא בית ישראל מיד בעלי
דבביהון ובגין צלותיה עדת כפנא מארעא דישראל
ובועז אוליד ית עובד דפלח למרי עלמא בלב שלים:
4,22 ועובד אוליד ית ישי דמתקרי נחש בגין דלא
אשתכחת ביה עילא ושחיתא לאיתמסרא בידוי דמלאכא
דמותא למסב ית נפשיה מיניה וחיה יומין סגיאין עד
דאידכר קדם יהוה עיטא דידהב חיויא לחוה איתת אדם
למיכל מן אילנא דאכלין פירוי חכימין לידע בין טב
לביש ועל ההוא עיטא אתחייבו מותא כל דיירי ארעא
ובההיא עילא שכיב ישי צדיקא הוא ישי דאוליד ית
דוד מלכא דישראל:

ANALISI DEL TESTO ARAMAICO

Capitolo primo

1,1

והוה : cong. וְ "e" (qui וַ a causa della vocale che segue) + radice הוי "essere" (AB הֲוָה e הֲוָא; cfr. Dalman § 73); *P'al*; perf.; 3 m. s. וַהֲוָה = e avvenne.

ביומי נגיד : prep. בְּ "in" + pl. costr. del sost. m. יוֹם / יוֹמָא "giorno" (pl. ass. יוֹמִין; costr. יוֹמֵי) + sost. m. נְגִיד / נְגִידָא "azione di guidare, guida" (var. נְגוֹדֵי; cfr. Dalman *ad vocem*), in stato costr. = nei giorni della guida di.

נגידיא : sost. m. נְגִיד / נְגִידָא "guida" (vedi sopra) al pl. נְגִידַיָּא (var. נְגוֹדַיָּא; cfr. Dalman *ad vocem*) = le guide.

והוה : cong. וְ (qui וַ a causa della vocale che segue) + radice הוי "essere" (cfr. sopra); *P'al*; perf.; 3 m. s. וַהֲוָה = vi fu.

כפן תקיף : sost. m. כְּפַן / כַּפְנָא "fame, carestia" + agg. תַּקִּיף "forte, violento" = una forte carestia.

בארעא דישראל : prep. בְּ "in" + sost. f. אֲרַע / אַרְעָא "terra, regione" + cong. דְ con valore genitivale "di" + nome di regione e di popolo יִשְׂרָאֵל = nella terra di Israele.

עשרתי כפנין תקיפין : num. m. עֲשַׂרְתֵּי "dieci" + sost. m. כְּפַן / כַּפְנָא (vedi sopra) al pl. ass. כַּפְנִין + pl. m. ass. dell'agg. תַּקִּיף (תַּקִּיפִין) = dieci carestie forti/grandi.

איתגזרו : radice גזר "tagliare, decidere"; *Ithpe.*; perf.; 3 m. pl. אִיתְגְּזַרוּ (AB אִתְגְּזֶרֶת, perf. 3 f. s.) = furono decretate.

מן שמיא : prep. מִן "da" + sost. m. pl. שְׁמַיָּא "cielo" (AB ad es. in Ger 10,11 e Dn 2,18) = dal cielo.

למהוי : prep. לְ (con l'inf.) + radice הוי "essere" (verbo הֲוָה e הֲוָא; vedi sopra); *P'al*; inf. לְמֶהֱוֵי (TO a Gen 10,8) = per essere.

בעלמא : prep. בְּ "in" + sost. m. עָלַם (Dn 7,18) / עָלְמָא (Dn 7,18) "mondo, eternità" = nel mondo.

מן יומא : prep. מִן "da" + sost. m. יוֹמָא "giorno" (vedi sopra) = dal giorno.

דאתברי עלמא : pron. rel. דְּ "che" (in contesto: "nel quale") + radice ברי "creare" (verbo בְּרָא); *Ithpe.*; perf.; 3 m. s. אִתְבְּרִי (Jastrow *ad vocem*) + עָלְמָא (vedi sopra) = che fu creato il mondo.

עד דייתי : cong. composta עַד דְּ "fino a che" + radice אתי (AB אֲתָא in Esd 5,16 e אֲתָה in Dn 7,22 e Esd 5,3); *P'al*; imperf.; 3 m. s. יֵיתֵי o יֵיתֵי (ad es. TO a Lv 13,16) = fino a che verrà.

מלכא משיחא : sost. m. מֶלֶךְ (AB מֶלֶךְ / מַלְכָּא) "re" + sost. m. מְשִׁיחָא "messia" (lett.: "unto"; part. pass. m. enf. di מְשַׁח "ungere") = il re messia/unto.

לאוכחא בהון : prep. לְ prefissa all'inf. + radice יכח "stare fermo, stare in piedi"; *Af'el* "ammonire"; inf.; לְאוֹכָחָא (TO a Lv 19,17) + prep. בְּ, con suff. 3 m. pl. בְּהוֹן = per ammonire con esse.

דיירי ארעא : sost. m. דַּיָּרָא "abitante" (part.; in AB part. m. pl. דַּיְּרִין ad es. in Dn 3,31) al pl. costr. דַּיְּרֵי (TO a Gen 41,47 e Dt 9,28) + sost. f. אַרְעָא (vedi sopra) = gli abitanti della terra.

כפן קדמאי : per כְּפָן vedi sopra + num. ord. m. קַדְמָאֵי (קַדְמַי) "primo" (AB f. enf. קַדְמָיְתָא in Dn 7,4) = la prima carestia.

ביומי אדם : prep. בְּ "in" + sost. m. יוֹמָא, al pl. costr. יוֹמֵי (cfr. sopra) + nome pr. m. אָדָם "Adamo" = nei giorni di Adamo.

כפן תיניין ביומי למך : num. ord. m. תִּנְיָן "secondo" (AB f. תִּנְיָנָה in Dn 7,5) + nome pr. m. לֶמֶךְ "Lamech" (nell'AT in pausa לָמֶךְ) = la seconda carestia nei giorni di Lamech.

כפן תליתאי ביומי אברהם : num. ord. m. תְּלִיתָאֵי (o תְּלִיתַי) "terzo" (AB f. תְּלִיתָאָה Q in Dn 2,39) + nome pr. m. אַבְרָהָם "Abramo" = la terza carestia nei giorni di Abramo.

כפן רביעאי ביומי יצחק : num. ord. m. רְבִיעָאֵי (o רְבִיעַי) "quarto" (AB f. רְבִיעָאָה Q in Dn 7,7) + nome pr. m. יִצְחָק "Isacco" = la quarta carestia nei giorni di Isacco.

כפן חמישאי ביומי יעקב : num. ord. m. חֲמִישָׁאֵי (o חֲמִישַׁי) "quinto" + nome pr. m. יַעֲקֹב "Giacobbe" = la quinta carestia nei giorni di Giacobbe.

כפן שתיתי ביומי בועז : num. ord. m. שְׁתִיתַי "sesto" + nome pr. m. בֹּעַז "Booz" = la sesta carestia nei giorni di Booz.

דמתקרי : radice קרי "chiamare" (verbo קְרָא); *Ithpe.*; part.; m. s. מִתְקְרִי (TO a Dt 3,13; AB imperf. Hithpe. 3 m. s. יִתְקְרִי in Dn 5,12) = che si chiamava/era chiamato.

אבצן צדיקא : nome pr. m. אִבְצָן "Ibsan" (giudice di Israele: Gdc 12,8.10) + agg. m. enf. צַדִּיקָא "pio, giusto" = Ibsan il pio/giusto.

דמן בית לחם יהודה : pron. rel. דְּ + prep. מִן + nome pr. בֵּית לֶחֶם "Betlemme" + nome pr. יְהוּדָה "Giuda" = che (era) da Betlemme di Giuda.

כְּפָן שְׁבִיעָאִי בְּיוֹמֵי דָוִד : num. ord. m. שְׁבִיעָאִי (o שְׁבִיעִי) "settimo" + nome pr. m. דָוִד "Davide" = la settima carestia nei giorni di Davide.

מַלְכָּא דְיִשְׂרָאֵל : sost. m. enf. מַלְכָּא "re" + יִשְׂרָאֵל (vedi sopra) = re di Israele.

כְּפָן תְּמִינָאִי בְּיוֹמֵי אֵלִיָהוּ נְבִיָּא : num. ord. m. תְּמִינָאִי (o תְּמִינִי) "ottavo" + nome pr. m. אֵלִיָּהוּ "Elia" + sost. m. נְבִיָּא "profeta" (Q in Esd 5,1; 6,14) = l'ottava carestia nei giorni del profeta Elia.

כְּפָן תְּשִׁיעִי בְּיוֹמֵי אֱלִישָׁע : num. ord. m. תְּשִׁיעִי "nono" + nome pr. m. אֱלִישָׁע "Eliseo" = la nona carestia nei giorni di Eliseo.

בְּשׁוֹמְרוֹן : prep. בְּ + nome di regione שׁוֹמְרוֹן (o שָׁמְרוֹן) "Samaria" (AB שָׁמְרַיִן in forma pausale שָׁמְרָיִן; Esd 4,10.17) = in Samaria.

כְּפָן עֲשִׂירִי עֲתִיד לְמֶהֱוֵי : num. ord. m. עֲשִׂירִי "decimo" + agg. m. עֲתִיד "preparato, pronto" (costruito col verbo הֲוָה significa "stare per accadere") + לְמֶהֱוֵי o לְמֶהֱוֵי "a essere/avvenire" (cfr. sopra) = la decima carestia sta per accadere/venire.

לָא כְפָן : avv. di negazione לָא "non" (correlato a אֶלָהֵין che segue: "non... ma") = non fame.

לְמֵיכַל לַחְמָא : radice אכל "mangiare"; *P'al*; inf. preceduto da לְ (לְמֵיכַל; cfr. TO a Gen 24,33) "di mangiare" + sost. m. לַחְמָא "pane, cibo" = di mangiare pane/cibo.

וְלָא צַחוּתָא : וְלָא "e non" + sost. f. צַחוּתָא "sete" (ad es. TO a Es 17,3) = e non sete.

לְמִשְׁתֵּי מַיָּא : radice שתי "bere"; *P'al*; inf. preceduto da לְ (לְמִשְׁתֵּי; cfr. TO a Gen 24,19) + sost. m. *plurale tantum* מַיִן (TO a Es 15,27) / מַיָּא (TO a Es 15,27) "acqua" = di bere acqua.

אֱלָהֵין לְמִשְׁמַע : cong. אֱלָהֵין con valore avversativo "ma, bensì" (oppure אֱלָהֵן; cfr. Dalman, *ad vocem* e TO a Gen 24,38) + radice שמע "ascoltare"; *P'al*; inf. (לְמִשְׁמַע; cfr. TO a Dt 5,25) = ma/bensì di ascoltare.

פִּתְגַם נְבוּאָה : sost. m. פִּתְגָּם / פִּתְגָמָא (AB פִּתְגָם senza dageš nella ג) "parola", in stato costr. + sost. f. נְבוּאָה "profezia" (AB costr. נְבוּאַת in Esd 6,14) = una parola di profezia.

מִן קֳדָם יהוה : prep. composta da מִן "da" e קֳדָם (AB קֳדָם ad es. in Dn 2,10; cfr. TO a Lv 14,5) "davanti, prima" + nome divino = da davanti a/ da parte di YHWH.

וְכַד הֲוָה : cong. וְ "e" + avv. di tempo כַּד "quando" + verbo הֲוָה (vedi sopra) = e quando ci fu.

כפנא הדין תקיף : sost. m. כְּפַן / כַּפְנָא (cfr. sopra) in stato enf. כַּפְנָא + pron. dimostr. m. s. הָדֵין (var. הָדָא) + agg. m. s. תַּקִּיף "forte, violento" (vedi sopra) = questa carestia forte.

בארעא דישראל : prep. בְּ "in" + sost. f. אַרְעָא "terra" (vedi sopra) = nella terra di Israele.

נפק : radice נפק "uscire"; *P'al*; perf.; 3 m. s. נְפַק (AB נְפֵק) = uscì.

גברא רבא : sost. m. גְּבַר (Dn 5,11) / גֻּבְרָא "uomo, marito" (oppure גִּבְרָא; TO a Nm 1,4) + agg. m. enf. רַבָּא (ass. רַב) "grande" (cfr. anche 2,5.6) = un uomo grande/nobile.

מן בית לחם : prep. מִן "da" + nome di villaggio בֵּית לֶחֶם in stato costr. (vedi sopra) = da Betlemme di.

יהודה : nome di regione יְהוּדָה (vedi sopra) = Giuda/Giudea.

ואזל : cong. וְ (vocalizzata וַ a causa della vocale che segue) + radice אזל "andare" (verbo אֲזַל; Dn 2,17); *P'al*; perf.; 3 m. s. וַאֲזַל = e andò.

לדור : radice דור "abitare"; *P'al*; inf. preceduto da לְ qui vocalizzata לְ a causa dell'accento sulla sillaba seguente (לְדוּר); inf. alla maniera ebraica per לְמִדָּר?; oppure inf. costruito sull'imperf. יְדוּר (= לְדוּר; cfr. לִידַע in 4,22) = ad abitare.

בחקלא דמואב : prep. בְּ "in" + sost. m. e f. חֲקַל / חַקְלָא "campo, campagna" + דְ con valore genitivale "di" + nome di regione מוֹאָב = nella campagna di Moab.

הוא : pron. pers. 3 m. s. הוּא = egli.

ואתתיה : cong. וְ "e" + sost. f. אִתְּתָא (var. אַנְתְּתָא) "donna, moglie", con suff. 3 m. s. אִתְּתֵיה (var. אַנְתְּתֵיה) = e la moglie sua.

ותרין בנוהי : cong. וְ "e" (vocalizzata וּ a causa dello šəwā che segue) + num. m. תְּרֵין "due" + sost. m. בַּר / בְּרָא "figlio" al pl. בְּנִין / בְּנַיָּא, con suff. 3 m. s. בְּנוֹהִי (Esd 6,10; 7,23) = e i due figli suoi.

TARGUM: *Avvenne che, nei giorni della guida delle guide, vi fu una* forte *carestia nella terra di Israele.* Dieci forti carestie furono decretate dal cielo per essere nel mondo dal giorno che fu creato il mondo, fino a che verrà il re messia, per ammonire con esse gli abitanti della terra. La prima carestia fu nei giorni di Adamo, la seconda carestia nei giorni di Lamech, la terza carestia nei giorni di Abramo, la quarta carestia nei giorni di Isacco, la quinta carestia nei giorni di Giacobbe, la sesta carestia nei giorni di Booz che era chiamato Ibsan il pio da Betlemme di Giuda, la settima carestia nei giorni di Davide re di Israele, l'ottava carestia nei giorni del profeta Elia, la nona carestia nei giorni di Eliseo in Samaria, la decima carestia sta per venire; non fame di mangiare pane e non sete di bere acqua, bensì di ascoltare una parola di profezia da parte di YHWH. Quando ci fu questa carestia forte nella terra di Israele *uscì un uomo nobile da Betlemme di Giuda e andò ad abitare nella campagna di Moab, lui, sua moglie e i suoi due figli.*

TM: *Avvenne che, nei giorni in cui giudicavano (lett.: del giudicare) i Giudici, vi fu carestia nella terra (di Israele); andò un uomo da Betlemme di Giuda per/ad abitare nei campi di Moab, lui, sua moglie e i suoi due figli.*

1,2

ושם : cong. וְ "e" + sost. m. שׁוֹם (AB שֵׁם) / שְׁמָא "nome", in stato costr. שׁוֹם (Dalman 427) = e il nome di.

גברא : sost. m. גְּבַר / גַּבְרָא (cfr. 1,1) = l'uomo (= il nome dell'uomo).

אלימלך : nome pr. m. di persona אֱלִימֶלֶךְ "Elimelek" = (era) Elimelek.

ושם אתתיה : cong. וְ "e" + sost. m. שׁוֹם / שְׁמָא "nome" (cfr. sopra) + sost. f. אִתְּתָא "donna, moglie", con suff. 3 m. s. אִתְּתֵיהּ (var. אִנְתְּתֵיהּ; cfr. 1,1) = e il nome della moglie sua.

נעמי : nome pr. f. di persona נָעֳמִי "Noemi" = (era) Noemi.

ושם תרין בנוהי : cong. וְ "e" + sost. m. שׁוֹם / שְׁמָא (cfr. sopra) + num. m. תְּרֵין "due" (cfr. 1,1) + pl. di בַּר / בְּרָא "figlio", con suff. 3 m. s. בְּנוֹהִי (cfr. 1,1) = e il nome dei due figli suoi.

מחלון וכליון : nomi propri m. di persona מַחְלוֹן "Machlon" e כִּלְיוֹן "Kilion" = (era) Machlon e Kilion.

אפרתין רבנין : agg. אֶפְרָתִי "efrateo, di Efrata" (Dalman אֶפְרָתַי oppure אֶפְרָתִי), al pl. m. ass. אֶפְרָתִין (Jastrow *ad vocem*) + sost. m. רַבָּן "capo, maestro, notabile", al pl. רַבָּנִין = efratei/di Efrata notabili.

מן בית לחם יהודה : per מִן בֵּית לֶחֶם יְהוּדָה cfr. 1,1 = da Betlemme di Giuda.

ואתו : cong. וְ "e" (qui וַ) + radice אתי "venire, arrivare" (verbo אֲתָא); *P'al*; perf.; 3 m. pl. אֲתוֹ (Esd 4,12) = e vennero/arrivarono.

עד חקל מואב : prep. עַד "fino" + sost. m. e f. חֲקַל / חַקְלָא (cfr. 1,1) in stato costr. (חֲקַל) + nome pr. מוֹאָב (cfr. 1,1) = fino alla campagna di Moab.

והוו : cong. וְ "e" (qui וַ) + radice הוי "essere, stare" (AB הֲוָה e הֲוָא; cfr. 1,1); *P'al*; perf.; 3 m. pl. הֲווֹ (ad es. Esd 4,20) = e stettero/abitarono.

תמן : avv. di luogo תַּמָּן "là" (AB תַּמָּה) = là.

רופילין : la parola רוֹפִילִין viene dal latino *rufulus* "tribuno militare" = (come) tribuni militari.

TARGUM: *Il nome dell'uomo (era) Elimelek, il nome di sua moglie (era) Noemi e il nome dei suoi due figli (era) Machlon e Kilion, efratei da Betlemme di Giuda; arrivarono* fino alla *campagna di Moab e stettero/abitarono là* come tribuni militari.

TM: *Il nome dell'uomo (era) Elimelek, il nome di sua moglie (era) Noemi e il nome dei suoi due figli (era) Machlon e Kilion, efratei da Betlemme di Giuda; arrivarono (ai) campi di Moab e stettero/abitarono là.*

1,3

ומית : cong. וְ "e" (qui וּ perché prima di מ) + radice מות "morire"; *P'al*; perf.; 3 m. s. מִית (ad es. TO a Gen 11,28) = e morì.

אלימלך : nome pr. m. אֱלִימֶלֶךְ (cfr. 1,2) = Elimelek.

בעלה דנעמי : sost. m. בְּעֵל (Esd 4,8.9.17) / בַּעֲלָא "marito, signore", con suff. 3 f. s. בַּעֲלָהּ (Dalman, *ad vocem*) o בַּעֲלַהּ / בַּעֲלָהּ (in Levy, *ad vocem*) + דְ con valore genitivale "di" + nome pr. f. נָעֳמִי (cfr. 1,2) = uomo/marito suo di Noemi.

ואשתארת : radice שאר; *Ithpe*. "rimanere, restare"; perf.; 3 f. s. אִשְׁתָּאַרַת (TO a Es 10,5 per l'ebraico נִשְׁאֲרָה; Lv 10,12 per נוֹתֶרֶת) = e rimase.

היא ארמלא : pron. pers. 3 f. s. הִיא "essa" + sost. f. אַרְמְלָא "vedova" (ad es. TO a Gen 38,11) = lei vedova.

ותרין בנהא יתמין : cong. וְ (qui וּ perché prima di šəwā) + num. m. תְּרֵין "due" (in contesto וּתְרֵין; cfr. 1,1.2) + sost. m. בַּר / בְּרָא "figlio" al pl. בְּנִין / בְּנַיָא (cfr. 1,1), con suff. 3 f. s. בְּנָהָא (ad es. TO a Es 18,3.6) + agg. m. pl. יַתְמִין "orfani" (TO a Es 22,23; s. m. יַתְמָא / יִיתַם) = e i due figli suoi orfani.

TARGUM: *Morì Elimelek marito di Noemi e rimase lei* vedova *e i suoi due figli* orfani.

TM: *Morì Elimelek marito di Noemi e rimase lei e i suoi due figli.*

1,4

ועברו : cong. וְ (qui וַ a causa della vocale che segue) + radice עבר "passare oltre, trasgredire"; *P'al*; perf.; 3. m. pl. עֲבַרוּ (cfr. TO a Gen 37,28) = e (essi) trasgredirono.

על גזירת : prep. עַל (retta dal verbo) + sost. f. גְּזֵרָה "decreto, sentenza, decisione", in stato costr. גְּזֵרַת (גְּזֵרַת in Dn 4,14.21) = il decreto di.

מימרא דיהוה : sost. m. מֵימְרָא "parola, Memra" (radice אמר) + דְּ "di" (qui vocalizzata דַ prima del nome divino) + nome divino (l'espressione ricorre ad es. in TO a Lv 24,12) = della parola/Memra di YHWH.

ונטלו : cong. וְ "e" (qui vocalizzata וּ prima di šəwā) + radice נטל "prendere"; *P'al*; perf.; 3 m. pl. נְטַלוּ (cfr. TO a Gen 35,5) = e presero.

להון : prep. לְ con suff. 3 m. pl. לְהוֹן (var. לְהוֹם; AB לְהֹם in Esd 5,3.4 + 4 volte; לְהֵן in Dn 7,21; לְהוֹן in Dn 2,35 + 5 volte) = per essi/per se stessi.

נשין נוכראין : נְשִׁין è pl. ass. del sost. f. אִתְּתָא "donna, moglie" (AB pl. נְשִׁין*, con suff. 3 m. pl. נְשֵׁיהוֹן in Dn 6,25; cfr. 1,1 e 4,14) + agg. f. pl. נוּכְרָאִין "straniere" (s. m. נוּכְרָאִי; cfr. TO a Dt 17,15; cfr. נוּכְרָאָן in TO a Gen 31,15 e Dalman § 36,1, p. 177); la vocalizzazione נוּכְרָאִין (pl. m.) può dipendere dall'influsso della parola נְשִׁין che la precede = donne/mogli straniere.

מן בנת מואב : prep. מִן "da" + sost. f. בְּרַת / בְּרַתָּא "figlia" (s. costr. בַּת; vedi sotto), al pl. costr. בְּנָת (בְּנָת; cfr. TO a Gen 6,2.4) + מוֹאָב (cfr. 1,22) = fra le figlie di Moab.

שום חדא : sost. m. שְׁמָא / שׁוֹם "nome" (cfr. 1,2) in stato costr. שׁוֹם + agg. num. f. חֲדָא "una" (m. חַד; AB m. חַד e f. חֲדָא) = il nome di/dell'una.

ערפה : nome pr. f. עָרְפָּה = (era) Orpa.

ושום תנייתא רות : cong. וְ "e" + sost. m. שׁוֹם "nome", in stato costr. (vedi sopra) + agg. תִּנְיָן "altro, secondo" al f. תִּנְיֵיתָא (cfr. TO a Gen 4,19; AB תִּנְיָנָה) + nome pr. f. רוּת = e il nome dell'altra/seconda (era) Rut.

בת עגלון : sost. f. בְּרַת / בְּרַתָּא "figlia", in stato costr. בַּת (da בְּרַת*; cfr. il siriaco בַּרְת *bath*) + nome pr. m. עֶגְלוֹן "Eglon" (re di Moab; cfr. Gdc 3,12.14.15.17) = figlia di Eglon.

מלכא דמואב : sost. m. מֶלֶךְ (AB מֵלֶךְ) / מַלְכָּא "re" (cfr. 1,1) + דְּ "di" + nome pr. מוֹאָב "Moab" = re di Moab.

ויתיבון תמן : cong. וְ "e" (qui וִ a causa del seguente יְ) + radice יתב "sedere, risiedere, abitare" (verbo יְתֵב; AB יְתֵב in Dn 7,9.10); *P'al*; perf.; 3 m. pl. וִיתִיבוּן (var. וִיתִיבוּ; cfr. TO a Gen 11,2) + avv. di luogo תַּמָּן "là" (cfr. 1,2) = e abitarono/risiedettero là.

כומן עשר שנין : prep. כְּ "circa" (qui כּ a causa dello šəwā che segue) + sost. m. זְמָן "tempo, periodo" (AB זְמָן e זְמָן), in stato costr. + agg. num. f. עֲשַׂר "dieci" (AB עֲשַׂר e עֶשְׂרָה) + sost. f. שְׁנָה "anno" al pl. שְׁנִין (Dn 6,1; Esd 5,11) = circa il tempo di dieci anni.

TARGUM: *Essi* trasgredirono il decreto della Memra di YHWH e *presero per se stessi mogli* straniere fra le figlie di Moab; *il nome dell'una (era) Orpa e il nome della seconda (era) Rut,* figlia di Eglon re di Moab; *risiedettero là circa* il tempo di *dieci anni.*

TM: *Essi presero per se stessi mogli moabite; il nome dell'una (era) Orpa e il nome della seconda (era) Rut; risiedettero là circa dieci anni.*

1,5

ועל דעברו : cong. וְ + prep. עַל + particella דְ (qui דַ a causa della vocale che segue); insieme formano una cong. composta di valore causale וְעַל דַ "e per il fatto che" + עֲבַרוּ "trasgredirono" (cfr. 1,4) = E siccome/ per il fatto che trasgredirono.

על גזירת מימרא דיהוה : prep. עַל (retta dal verbo עֲבַר "trasgredire") + cfr. v. precedente = il decreto della parola/Memra di YHWH.

ואתחתנו : cong. וְ + radice חתן (verbo חֲתַן "legare, connettere"); *Ithpa.* "sposarsi, maritarsi"; perf.; 3 m. pl. אִתְחַתְּנוּ (TO a Gen 34,9) = e si sposarono.

בעממין נוכראין : prep. בְּ "in, fra" + sost. m. עַם (Dn 3,29 + 3 volte) / עַמָּא (Esd 7,13.16.25) e עַמָּה (Esd 5,12), pl. ass. עַמְמִין (ad es. TO a Gen 17,12; cfr. Dalman *ad vocem*); enf. עַמְמַיָּא (Dn 3,4.7 + 5 volte) + agg. m. pl. נוּכְרָאִין (cfr. v. precedente) = in mezzo ai popoli stranieri.

אתקטעו יומידהון : radice קטע "tagliare"; *Ithpe.* "essere tagliato, venire accorciato"; perf.; 3 m. pl. אִתְקְטַעוּ (cfr. אִתְגְּזַרוּ in 1,1) + sost. m. יוֹמָא "giorno" (cfr. 1,1) al pl., con suff. 3 m. pl. יוֹמֵיהוֹן (Dn 2,44) = furono tagliati/ abbreviati i loro giorni.

ומיתו : cong וְ "e" (וּ prima di מ) + radice מות "morire" (verbo מִית; cfr. 1,3); *P'al*; perf.; 3 m. pl. מִיתוּ (cfr. TO a Es 8,9) = e morirono.

אף תריהון : cong. אַף "anche" (ad es. Dn 6,23) + agg. num. m. תְּרֵין "due" (cfr. 1,3), con suff. 3 m. pl. תַּרְוֵיהוֹן (TO a Gen 2,25) "loro due" (Dalman § 21,8, p. 130) = anche loro due.

מחלון וכליון : nomi propri m. מַחְלוֹן וְכִלְיוֹן (cfr. 1,2) = Machlon e Kilion.

בארעא מסאבתא : prep. בְּ "in" + sost. f. אֲרַע / אַרְעָא "terra, regione" (cfr. 1,1) + agg. f. מְסָאַבְתָּא "impura, immonda" (lett.: "resa impura": verbo סְאֵב "rendere impuro"; *Pa.* סָאֵב; part. pass.; f. s. enf.; modello מִקְטַלְתָּא; cfr. TO a Lv 5,2 e 15,33 dove traduce טְמֵאָה) = in una terra impura/immonda.

ואשתארת אתתא : cong. וְ "e" + אִשְׁתְּאָרַת "rimase"; radice שאר; *Ithpe.*; perf.; 3 f. s. (cfr. 1,3) + sost. f. אִתְּתָא "donna, moglie" (cfr. 1,1) = e rimase la donna.

מתכלא : radice תכל "essere privo, essere senza figli" (verbo תְּכֵל); *Pa.*; part.; f. s. מְתַכְּלָא (cfr. Tg a 2Re 2,19 dove traduce מְשַׁכְּלָה "sterile"; è possibile la forma מְתַכְּלָא, part. f. *Ithpe.* per מִתְּתַכְּלָא*, mentre non si adatta al contesto la forma מַתְכְּלָא, part. *Af.*) = orba/priva.

מתרין בנהא : prep. מִן "da" (retta dal verbo) + תְּרֵין בְּנָהָא (cfr. 1,3) = dei due figli suoi.

וארמלא מבעלה : cong. וְ "e" + sost. f. אַרְמְלָא "vedova" (cfr. 1,3) + prep. מִן "da" (retta da אַרְמְלָא) + בַּעֲלָה o בַּעֲלַהּ "suo marito" (cfr. 1,3) = e vedova del suo marito.

TARGUM: Siccome trasgredirono il decreto della Memra di YHWH e si sposarono in mezzo a popoli stranieri, i loro giorni furono troncati e *morirono anche loro due, Machlon e Kilion* in una terra immonda; *rimase la donna* priva dei *due figli suoi* e vedova di *suo marito*.

TM: *Morirono anche loro due, Machlon e Kilion; rimase la donna senza i due figli suoi e senza il suo marito*.

1,6

וקמת : cong. וְ "e" + radice קום "alzarsi" (verbo קָם); *P'al*; perf.; 3 f. s. קָמַת (TO a Gen 37,7; in AB ci aspetteremmo קָמֶת) = e si alzò.

היא וכלתהא : pron. pers. 3 f. s. הִיא "essa" + cong. וְ "e" + sost. f. כַּלְתָא "sposa, nuora", al pl. כַּלָּתָא (o כַּלָּתָה), con suff. 3 f. s. כַּלְתָהָא (cfr. Levy, *ad vocem*) = essa e le nuore sue.

ותבת : cong. וְ + radice תוב "ritornare" (verbo תָּב); *P'al*; perf.; 3 f. s. תָּבַת (TO a Gen 8,9; in AB ci aspetteremmo תְּבַת) = e ritornò.

מחקל מואב : prep. מִן "da" (qui מֵ-) + sost. m. e f. חֲקַל / חַקְלָא "campo, campagna", in stato costr. seguito da nome pr. di regione חֲקַל מוֹאָב (cfr. 1,1) = dalla campagna di Moab.

ארום אתבשרת : cong. אֲרוּם con valore causale "poiché" + radice בשר "annunciare, informare" (verbo בְּשַׁר); *Ithpa.* "essere informato"; perf.; 3 f. s. אִתְבַּשְּׁרַת = poiché era stata informata.

בחקל מואב : prep. בְּ (qui בַּ) + חֲקַל מוֹאָב (vedi sopra) = nella campagna di Moab.

על פום מלאכא : prep. עַל + sost. m. פּוּם "bocca", in stato costr. (AB פֵּם, ass. e costr.); insieme significano "da parte di" (lett.: "per bocca di") +

sost. m. מַלְאַךְ / מַלְאָכָא "angelo, inviato" (TO a Es 23,20; AB con suff. 3 m. s. מַלְאֲכֵהּ in Dn 6,23 e 3,28) = da parte di un angelo.

אֲרוּם דכר : cong. אֲרוּם (vedi sopra) con valore dichiarativo "che" + radice דכר "ricordare, ricordarsi" (verbo דְּכַר); *P'al*; perf.; 3 m. s. = che aveva ricordato.

יהוה ית עמיה : nome divino יהוה + particella יָת che introduce l'accus. (in Dn 3,12 con suff. 3 m. pl. יָתְהוֹן) + sost. m. עַמָּא / עַם "popolo" (cfr. 1,5), con suff. 3 m. s. עַמֵּיהּ (TO a Gen 49,16) = YHWH il popolo suo.

בית ישראל : sost. m. בֵּיתָא / בֵּית (e בֵּיתָה: Esd 5,12; 6,15) "casa" in stato costr. בֵּית (cfr. ad es. Esd 4,24) + nome di nazione/popolo יִשְׂרָאֵל (cfr. 1,1) = la casa di Israele.

למתן להון : prep. לְ + verbo נְתַן "dare"; *P'al*; inf. מִתַּן (AB מִנְתַּן in Esd 7,20) + prep. לְ con suff. 3 m. pl. לְהוֹן (cfr. 1,4) = per dare/dando ad essi (= al popolo).

לחמא : sost. m. לַחְמָא "pane, nutrimento" (cfr. 1,1) = pane/nutrimento.

בגין זכותיה : prep. בְּגִין "per, in favore di" (composta da בְּ e dal sost. m. גִּין "favore, protezione") + sost. f. זְכוּ (Dn 6,23) / זָכוּתָא (preferibile a זְכוּתָא; cfr. Dalman *ad vocem* e TO a Dt 6,25) "innocenza, merito", con suff. 3 m. s. זְכוּתֵיהּ (preferibile a זְכוּתֵיהּ) = per il merito suo.

דְאבצן נגידא : particella דְ con valore genitivale "di" + nome pr. אִבְצָן "Ibsan" (cfr. 1,1) + sost. m. נְגִידָא "guida, giudice" (cfr. 1,1) = di Ibsan il giudice.

ובצלותיה דצלי : cong. וְ (qui וּ a causa della בּ seguente) + prep. בְּ (qui בּ a causa dello šəwā che segue) + sost. f. צְלוֹתָא (צְלוֹ) in TO a Gen 14,22) "preghiera", con suff. 3 m. s. (di valore prolettico) וּבְצָלוֹתֵיהּ (TO a Dt 33,7) + דְּ rel. "che" + radice צלי (verbo צְלָא usato al *Pa.* "pregare"; AB part. *Pa.* מְצַלֵּא in Dn 6,11); perf.; 3 m. s. צַלִּי (TO a Gen 20,17) = e per la sua preghiera che pregò.

קדם יהוה : prep. קֳדָם "davanti" (cfr. 1,1) + nome divino = davanti a YHWH.

הוא בועז חסידא : pron. pers. 3 m. s. הוּא "egli" + nome pr. m. בֹּעַז + agg. חֲסִידָא / חֲסִיד "pio" (Dalman *ad vocem*) = egli (è/era) Booz il pio.

TARGUM: *Si alzò, essa e le sue nuore, e fece ritorno dalla* campagna *di Moab, poiché* era stata informata, *nella* campagna *di Moab,* da parte di un angelo, *che aveva* ricordato *YHWH il suo popolo,* la casa di Israele, *dando/per dare ad essi pane* per il merito di Ibsan il giudice e per la preghiera che pregò davanti a YHWH; egli è/era Booz il pio.

TM: *Si alzò, essa e le sue nuore, e fece ritorno dai campi di Moab, poiché aveva udito, nei campi di Moab, che aveva visitato YHWH il suo popolo dando/per dare ad essi pane.*

1,7

וּנְפַקַת : cong. וְ "e" + radice נפק "uscire" (verbo נְפַק; Dn 2,14); *P'al*; perf.; 3 f. s. וְּנֶפְקַת (cfr. TO a Nm 16,35) o וְנֶפְקַת (cfr. Dn 2,13) = e uscì/partì.

מן אתרא : prep. מִן "da" + sost. m. אֲתַר (Dn 2,35) / אַתְרָא "luogo, località" = dal luogo.

די הות תמן : pron. rel. דִּי + verbo הֲוָה (cfr. 1,1); *P'al*; perf.; 3 f. s. הֲוָת (Dn 7,19; Esd 5,5; הֲוָת in Dn 2,35) + avv. תַּמָּן "là" (cfr. 1,2) = che era stata là (cioè: nel quale era stata).

ותרתין כלתהא עמה : cong. וְ "e" + num. f. תַּרְתֵּין "due" (Esd 4,24) + sost. f. כַּלְתָא "sposa, nuora" (cfr. 1,6), al pl. con suff. 3 f. s. כַּלְתָהָא (cfr. 1,6) + prep. עִם "con", con suff. 3 f. s. עִמַּה (עִמַּהּ in TO a Gen 3,6; AB con suff. 3 m. s. עִמֵּהּ in Dn 2,22) = e le due nuore sue (erano) con lei.

Le parole seguenti, comprese fra gli asterischi, mancano in alcune tradizioni testuali
**

ומהלכא באורחא : cong. וְ (qui וּ a causa della מ che segue) + radice הלך (in AB attestata al part. Pa. m. s. מְהַלֵּךְ in Dn 4,26 e pl. מְהַלְכִין in Dn 3,25 e 4,34; *Ketiv* Haf. מַהְלְכִין); *Pa'el*; part.; f. s. מְהַלְכָא (cfr. TO a Gen 7,18) + prep. בְּ + sost. f. אוֹרְחָא "strada, via" (cfr. TO a Gen 28,20; in Dn 4,34 pl. con suff. 3 m. s. אָרְחָתֵהּ) = si incamminò nella strada.

למתוב : prep. לְ prefissa all'infinito + radice תוב (verbo תָּב; cfr. 1,6); *P'al*; inf. לְמְתוּב (forma alternativa לְמִתַּב in TO a Es 4,21; Dalman § 70,3, p. 316) = per ritornare.

לארע יהודה : prep. לְ (qui לַ) + sost. f. אֲרַע / אַרְעָא (cfr. 1,1) in stato costr. לַאֲרַע + nome pr. יְהוּדָה (cfr. 1,1) = alla terra di Giuda.
**

TARGUM: *Uscì dal luogo nel quale era stata e le sue due nuore (erano) con lei; **si incamminò nella strada per ritornare alla terra di Giuda**.*

TM: *Uscì dal luogo nel quale era stata e le sue due nuore (erano) con lei; si incamminarono nella strada per ritornare alla terra di Giuda.*

1,8

ואמרת נעמי : cong. וְ "e" (qui וַ a causa della vocale che segue) + radice אמר "dire, parlare" (verbo אֲמַר); *P'al*; perf.; 3 f. s. אֲמַרַת (TO a Gen 16,13) o אֲמֶרֶת (AB וַאֲמֶרֶת in Dn 5,10) + nome pr. f. נָעֳמִי (cfr. 1,2) = e disse Noemi.

לתרתין כלתהא : prep. לְ "a" + כַּלָּתְהָא תַּרְתֵּין (cfr. v. precedente) = alle due nuore sue.

אזילנא : radice אזל "andare" (verbo אֲזַל; ad es. Dn 2,17 + 3 volte); *P'al*; imperat.; 2 f. pl. אֲזִילְנָא (preferibile ad altre vocalizzazioni; AB imperat. 2 m. s. אֱזֶל־ Esd 5,15) = andate.

תובנא : radice תוב "ritornare" (verbo תֻּב); *P'al*; imperat.; 2 f. pl. תּוּבְנָא / תְּבְנָא (Dalman § 70,11, p. 321; cfr. anche 1,11.12) = ritornate.

אתתא : sost. f. אִתְּתָא "donna, moglie" (cfr. 1,1), con valore di pron. indefinito = (ogni) donna/moglie (cioè: ognuna).

לבית אמה : prep. לְ "a, verso" + sost. m. בַּיְתָא / בֵּית (Esd 5,3 + 4 volte) e בַּיְתָה (Esd 5,12) "casa", in stato costr. בֵּית (cfr. 1,1 e 1,6); nei targumim la forma dello stato enf. è בַּיְתָא (Dalman § 25, p. 140, con rimando al § 15 per la forma בֵּי) + sost. f. אֵם (Tg a Ez 44,25) / אִמָּא "madre", con suff. 3 f. s. אִמַּהּ (TO a Lv 20,14) = alla casa della propria madre.

יעביד יהוה : radice עבד "fare" (verbo עֲבַד, ad es. Dn 3,1); *P'al*; imperf. con valore iussivo; 3 m. s. יַעֲבִיד (o יַעֲבֵיד; cfr. ad es. TO a Gen 18,25) + nome divino = faccia YHWH.

עמכון : prep. עִם "con", con suff. 2 m. (e f.) pl. עִמְּכוֹן (Dalman § 47,9; AB עִמְּהוֹן, con suff. 3 m. pl.) = con voi.

טיבו : sost. f. טֵיבוּ (TO a Gen 24,49) / טֵיבוּתָא "misericordia, bontà" (per lo stato enf. cfr. v. seguente) = misericordia.

כמא די עבידתון : particella di valore comparativo כְּמָא "come, quanto" (כְּמָה in Dn 3,33) + pron. rel. דִּי "che" (lett.: "come che") + radice עבד "fare" (cfr. sopra); *P'al*; perf.; 2 m. (e f.) pl. עֲבַדְתּוּן (vocalizzato senza י come nel prossimo v.; cfr. TO a Gen 44,5) = come faceste.

עם בעליכון : prep. עִם "con" + sost. m. בַּעְלָא / בְּעֵל "marito" (cfr. 1,3) al pl., con suff. 2 m. (e f.) pl. בַּעֲלֵיכוֹן = con i vostri mariti.

שכיביא : agg. sost. m. pl. enf. שְׁכִיבַיָּא "morti, giacenti" (part. pass. שְׁכִיב del verbo שְׁכֵב / שְׁכַב "giacere, morire") = morti.

דסריבתון : pron. rel. דְּ "che" (cioè: "in relazione ai quali") + radice סרב "rifiutare" (verbo סְרֵב); *Pa'el*; סָרֵב; perf.; 2 m. (e f.) pl. סָרֵיבְתּוּן (cfr. TO a Nm 20,24) = che avete rifiutato.

למיסב גובריא : radice נסב "prendere" (verbo נְסֵב / נְסַב); *P'al*; inf. מֵיסַב

(cfr. מְסַב in TO a Gen 24,48) preceduto da לְ + sost. m. גְּבְרָא o גַּבְרָא (cfr. 1,1) "uomo, maschio" (AB גְּבַר, pl. ass. גֻּבְרִין ad es. in Dn 3,8, enf. גֻּבְרַיָא ad es. in Esd 5,4.10), al pl. enf. גּוּבְרַיָא; l'espressione idiomatica significa "maritarsi" = di maritarvi.

בְּתַר מוֹתֵיהוֹן : prep. e avv. בָּתַר "dietro, dopo" (AB בָּאתַר in Dn 7,6.7) + sost. m. מוֹתָא "morte" (AB מוֹת in Esd 7,26) al pl., con suff. 3 m. pl. מוֹתֵיהוֹן "le loro morti" (preferibile a מוֹתְהוֹן "la loro morte") = dopo le loro morti.

וְעִימִי : cong. וְ + prep. עִם "con", con suff. 1 s. עִימִי (Dn 3,32) = e con me.

דְּזַנְתּוּן : pron. rel. דְּ + radice זון "nutrire, alimentare" (verbo זָן; in AB attestato all'Hithpe.); *P'al*; perf.; 2 m. (e f.) pl. זַנְתּוּן = che avete nutrito.

וְסוֹבַרְתּוּן יָתִי : cong. וְ + radice סבר "favorire, sostenere"; *Po'el* סוֹבַר; perf.; 2 m. (e f.) pl. סוֹבַרְתּוּן + segno dell'acc. יָת, con suff. 1 s. יָתִי "me" = e sostenuto me (cioè: che mi avete nutrito e sostenuto).

TARGUM: *Disse Noemi alle sue due nuore: "Andate, ritornate (ciascuna) donna alla casa di sua madre; faccia YHWH con voi misericordia come faceste con i* vostri mariti *morti* che avete rifiutato di prendere mariti dopo la loro morte *e con me* che avete nutrito e sostenuto".

TM: *Disse Noemi alle sue due nuore: "Andate, ritornate (ciascuna) donna alla casa di sua madre; faccia YHWH con voi misericordia come faceste con i morti e con me"*.

1,9

יְהַב יְהוה לְכוֹן : radice יהב "dare" (verbo יְהַב ad es. in Dn 2,37); *P'al*; imperf.; 3 m. s. (יְהַב o יֵיהַב con valore iussivo; cfr. Dalman *ad vocem*) + nome divino + prep. לְ, con suff. 2 m. (e f.) pl. לְכוֹן = e darà/dia a voi.

אֲגַר שְׁלִים : sost. m. אֲגַר (ad es. TO a Dt 23,19) / אַגְרָא (TO a Lv 19,13) "salario, ricompensa" + agg. m. שְׁלִים "completo, intero" (TO a Gen 25,27; var. טָב שְׁלִים "molto completo") = una ricompensa piena (cioè: possa YHWH ricompensarvi pienamente).

עַל טִיבוּתָא : prep. עַל "riguardo a" + sost. f. טֵיבוּתָא "bontà, misericordia" (per lo stato ass. cfr. v. precedente) = per la bontà/misericordia.

דִּי עֲבַדְתּוּן לִי : pron. rel. דִּי + עֲבַדְתּוּן "faceste" (cfr. v. precedente) + prep. לְ, con suff. 1 s. = che avete fatto a me.

וּבְהַהוּא אֲגַר : cong. וְ (qui וּ prima di בַּ) + prep. בַּ (qui בְּ) + pron. dimostr. m. הַהוּא "quello" + sost. m. אֲגַר "salario, ricompensa" (vedi sopra) = e per/con quella ricompensa.

תַּשְׁכְּחוּן : radice שׁכח "trovare" (in AB attestata all'Af./Haf.); Af.; imperf.; 2 m. (e f.) pl. תַּשְׁכְּחוּן (cfr. ad es. TO a Gen 32,19 e Es 5,11) = troviate/troverete.

נְיָחָא : sost. m. נְיָח (cfr. 3,1 e TO a Lv 23,24; var. -נִי) / נְיָחָא (TO a Lv 23,39; var. -נִי) = riposo/quiete.

כָּל חֲדָא וַחֲדָא : sost. כֹּל (AB בָּל e כָּל-), usato come pron. indefinito, costr. כָּל "ogni" + num. f. חֲדָא "una" (m. חַד; cfr. 1,4) = ognuna (lett.: ogni una e una).

לְבֵית בַּעְלָהָא : prep. לְ "a" + stato costr. del sost. m. בֵּית / בֵּיתָא "casa" (cfr. 1,8) + sost. m. בַּעַל / בַּעְלָא "marito" (cfr. 1,3), con suff. 3 f. s. בַּעְלָהָא (cfr. בַּעְלַהּ / בַּעְלָהּ in 1,5) = nella casa del suo marito.

וּנְשִׁיקַת לְהוֹן : cong. וְ + radice נשק "baciare" (verbo נְשַׁק / נַשֵּׁק); P'al (o Pa.); perf.; 3 f. s. וּנְשִׁיקַת (P'al) o וְנַשִּׁיקַת (Pa.) + prep. לְ, con suff. 3 m. (e f.) pl. לְהוֹן (cfr. 1,4) = e (essa) le baciò.

וּנְטַלִין : cong. וְ + radice נטל "prendere, sollevare, alzare"; P'al; part.; m. (e f.) pl. נָטְלִין (TO a Dt 31,9; var. f. נָטְלָן, cfr. TO a Nm 33,55); var. וּנְטַלִין (perf. 3 f. pl.) = e (esse) alzarono.

קָלְהוֹן : sost. m. קָל (ad es. Dn 6,21) / קָלָא (ad es. TO a Dt 4,12) "voce, suono", con suff. 3 m. (e f.) pl. קָלְהוֹן (cfr. TO a Nm 14,1; var. קָלֵיהוֹן "le loro voci") = la voce loro.

וּבְכִיאָן : cong. וְ (qui וּ davanti a בְּ) + radice בכי (verbo בְּכָא) "piangere"; P'al; perf.; 3 f. pl. וּבְכִיאָן (forma incerta; Dalman § 72,10, p. 344, ma senza vocali) oppure part. f. pl. וּבְכִיָאן = e (esse) piansero.

TARGUM: *"Conceda YHWH a voi una ricompensa piena per la misericordia che avete fatto a me e con/per quella ricompensa possiate* trovare riposo *ciascuna nella casa di suo marito". Le baciò, alzarono la loro voce e piansero*.

TM: *"Conceda YHWH a voi di trovare riposo (ciascuna) donna (nella) casa di suo marito". Le baciò, alzarono la loro voce e piansero*.

1,10

וַאֲמַרָן לַהּ : cong. וְ (qui וַ) + radice אמר "dire, parlare" (cfr. 1,8); P'al; perf.; 3 f. pl. אֲמַרָן (cfr. 1,19) + prep. לְ, con suff. 3 f. s. לַהּ = e (esse) dissero a lei.

לא נתוב : avv. di negazione לָא "non" + radice תוב "ritornare" (cfr. 1,6); *P'al*; imperf.; 1 pl. נְתוּב (TO a Nm 32,18; in AB 3 m. s. יְתוּב) = non ritorneremo.

לעמנא : prep. לְ "a" + sost. m. עַמָּא "popolo" (cfr. 1,5), con suff. 1 pl. עַמַּנָא = al nostro popolo.

ולדחלתנא : cong. וְ (qui וּ davanti a šǝwā) + prep. לְ "a" + sost. f. דַחְלְתָא (דַחְלְתָא in TO a Es 15,16) "timore, divinità" al pl. (דַחְלָן / דַחְלָתָא), con suff. 1 pl. דַחְלָתַנָא = e alle nostre divinità.

ארום : cong. אֲרוּם con valore avversativo "ma, bensì" o causale "perché" (var. אֱלָהֵין oppure אֱלָהֵין; cfr. 1,1) = ma (oppure: perché).

עימך : prep. עִם "con", con suff. 2 f. s. עִמֵּיךְ (עִמָּיךְ) in TO a Gen 30,15; AB con suff. 2 m. s (עִמָּךְ) = con te.

ניתוב לעמך : per נְתוּב "ritorneremo" vedi sopra + sost. m. עַמָּא "popolo" (vedi sopra), con suff. 2 f. s. עַמֵּיךְ (עַמֵּיךְ) in TO a Nm 5,21) = andremo/ritorneremo al tuo popolo.

לאתגיירא : radice גיר / גור; *Ithpa.* (אִתְגַּיַּר) "convertirsi (al giudaismo)"; inf. preceduto da לְ (לְאִתְגַּיָּרָא; cfr. Levy *ad vocem* גֵּיר) = per convertirci (diventare proseliti).

TARGUM: *Le dissero*: "Non ritorneremo al nostro popolo e ai nostri dei, ma *con te ritorneremo al tuo popolo* per convertirci (al giudaismo)".

TM: *Le dissero*: "Con te ritorneremo al tuo popolo".

1,11

ואמרת נעמי : cong. וְ (qui וַ) + radice אמר "dire, parlare"; *P'al*; perf.; 3 f. s. אֲמֶרֶת o אֲמֶרֶת (cfr. 1,8) + nome pr. f. נָעֳמִי (cfr. 1,8) = e disse Noemi.

תובנא : radice תוב "tornare, volgersi"; *P'al*; imperat.; 2 f. pl. תּוּבְנָא / תֻּבְנָא (cfr. 1,8) = tornate.

ברתי : sost. f. בְּרַת / בְּרַתָּא "figlia" (cfr. 1,4) al pl. בְּרַתִּין (per בְּנָתָא), con suff. 1 s. בְּרַתַּי (cfr. Levy *ad vocem*) = o figlie mie.

למה : particella interr. לְמָה (pron. e avv.) "che cosa, perché" (AB לְמָה e לְמָא) = perché?

תזלין עמי : radice אזל "andare" (verbo אֲזַל; cfr. 1,1); *P'al*; imperf.; 2 f. pl. תֵּזְלִין (תֵּיזְלִין in Dalman § 67, p. 300, ma senza vocali; var. m. תְּזֵלוּן) + prep. עִם "con", con suff. 1 s. עִמִּי "con me" (ad es. Dn 3,32) = andate (qui:

venite) con me.

הָעוֹד כְּעַן אִית לִי : particella interr. הַ "forse che?" (AB הַ e הֲ) + avv. עוֹד "ancora, di nuovo" (Dn 4,28) + avv. כְּעַן "ora, adesso" (13 volte in AB) + particella אִית "c'è" (AB אִיתַי; EB יֵשׁ) + prep. לְ "a", con suff. 1 s. לִי "a me" = forse che ancora/di nuovo saranno a me (cioè: forse che avrò ancora).

וּלְדָא בִמְעַי : sost. m. וַלְדָא (forma preferibile a וְלַדָּא; cfr. Dalman *ad vocem*) "frutto del ventre, embrione" (cfr. TO a Gen 30,2) con senso pl. + prep. בְּ "in" (qui בִ) + sost. m. usato di solito al pl. מְעִין o מְעַיִן "viscere" (cfr. Dalman *ad vocem*), con suff. 1 s. מְעַי (TO a Gen 30,2; cfr. anche Levy *ad vocem* מְעָא) = figli nelle mie viscere.

וִיהוֹן לְכוֹן גּוּבְרִין : cong. וְ + radice הוי "essere" (AB הֲוָה e הֲוָא; cfr. 1,1); *P'al*; imperf.; 3 m. pl. יְהוֹן (ad es. וִיהוֹן in TO a Gen 6,19) o יֱהֶוֹן (AB לֶהֱוֹן ad es. in Dn 2,43) + prep. לְ "a", con suff. 2 m. (e f.) pl. לְכוֹן (AB לְכוֹן in Dn 3,4 e לְכֹם 3 volte in Esd) + sost. m. גּוּבְרָא "uomo, marito" (cfr. 1,8) al pl. ass. גּוּבְרִין (cfr. 1,8) = e/che siano per voi dei mariti?

TARGUM: *Disse Noemi: "Tornate, figlie mie, perché venite con me? Forse che ho ancora adesso (dei) figli nelle mie viscere che possano essere per voi (dei) mariti?".*

TM: *Disse Noemi: "Tornate, figlie mie, perché venite con me? Forse che ho ancora (dei) figli nelle mie viscere che possano essere per voi (dei) mariti?".*

1,12

תּוּבְנָא בְרַתַי : cfr. v. precedente = tornate, o figlie mie.

מִבָּתְרַי : prep. מִן "da" + prep. e avv. בָּתַר "dietro, dopo" (cfr. 1,8), con suff. 1 s. מִבָּתְרַי "da dietro di me" (cfr. בָּתְרַי in TO a Gen 24,5; in Dn 2,39 בָּתְרָךְ con suff. 2 m. s.) = da dietro di me.

אֲזִילְנָא לְעַמְכוֹן : radice אזל "andare"; *P'al*; imperat.; 2 f. pl. אֲזִילְנָא (cfr. 1,8) + prep. לְ "a" + sost. m. עַם / עַמָּא "popolo" (cfr. 1,5), con suff. 2 m. (e f.) pl. עַמְכוֹן (in TO suff. 3 m. pl. עַמְהוֹן) = e andate al vostro popolo.

אֲרֵי סְבִית : cong. di valore causale אֲרֵי (var. אֲרוּם) "poiché" (Dalman, *ad vocem*; cfr. TO a Gen 1,4) + radice סיב "essere/diventare vecchio" (verbo סִיב [Dalman] o סֵיב); *P'al*; perf.; 1 s. סָבִית (Jastrow) o סֵיבִית (Dalman) = poiché io sono (diventata) vecchia.

מִלְמֶהֱוֵי : prep. מִן con valore comparativo (o consecutivo) + prep. לְ + inf. *P'al* di הוי (cfr. v. precedente e 1,1) מִלְמֶהֱוֵי (TO a Lv 26,13) = (troppo) per essere.

מבעלא לגבר : radice בעל "maritarsi, avere rapporti sessuali"; *Pa'el*; part. pass.; f. s. מְבַעֲלָא "sposata, maritata"; oppure *Ithpe*.; part.; f. s. (מִתְבַּעֲלָא per מִתְבַּעֲלָא; cfr. Dalman, *ad vocem*) + prep. לְ (לְ prima di šəwā) + sost. m. גְּבַר / גַּבְרָא "uomo, marito" (cfr. 1,1) לְגְבַר = sposata a un uomo/di un uomo.

ארום אמרית : cong. אֲרוּם di valore condizionale "(anche) se" + radice אמר "dire" (cfr. 1,8); *P'al*; perf.; 1 s. אֲמָרִית (ad es. TO a Gen 20,11; אֲמֶרֶת in Dn 4,5) = (anche) se dicessi.

אילו אנא ריבא : particella אִילוּ (לוּ + אִין) di valore condizionale "se" (ad es. TO a Dt 32,29) + pron. pers. 1 s. אֲנָא "io" + sost. f. רִיבְתָא / רִיבָא "giovane ragazza" (cfr. Dalman *ad vocem*; cfr. anche Levy *ad vocem* רַבְיָא, רַבְיָ) = se io (fossi) una ragazza.

אית לי סבר : particella di esistenza אִית "è, c'è" (AB אִיתַי; cfr. 1,11) + prep. לְ con suff. 1 s. לִי + sost. m. סְבַר / סַבְרָא (o סִבְרָא; Dalman *ad vocem*) "speranza" in stato ass. = c'è (ci sarebbe) per me una speranza.

ברם הויתי : cong. בְּרַם di valore avversativo "ma, invece" (Dn 4,12.20 + 3 volte) usata nel senso di אִילוּ che precede + radice הוי "essere" (cfr. v. precedente); *P'al*; perf.; 1 s. הֲוֵיתִי (TO a Gen 31,40; AB הֲוֵית) = e (anche) se fossi.

מבעלא בליליא : per le diverse vocalizzazioni di מבעלא "sposata, maritata" cfr. sopra + sost. m. לֵילְיָא "notte" (Dn 7,2.7 + 3 volte) = sposata in (questa) notte.

לגבר : per לְגְבַר cfr. sopra = di/a un uomo.

וברם הויתי ילדה בנין : cong. וְ (qui וּ) + cong. בְּרַם (vedi sopra) הֲוֵיתִי + וּבְרַם (vedi sopra) + radice ילד "generare, partorire" (verbo יְלַד); *P'al*; part. att.; f. s. יָלְדָה (con הֲוֵיתִי esprime potenzialità) + sost. m. בַּר / בְּרָא "figlio" (cfr. 1,1) al pl. ass. בְּנִין = e (anche) se generassi (dei) figli.

TARGUM: *"Tornate, figlie mie,* da dietro di me, *andate* al vostro popolo, *poiché sono diventata vecchia (troppo) per essere* sposata a un uomo; *(anche) se avessi detto,* se fossi una ragazza: *"C'è per me speranza, anche se fossi stata* sposata *questa notte a un uomo e anche se avessi generato (dei) figli"*.

TM: *"Tornate, figlie mie, andate, poiché sono diventata vecchia (troppo) per essere di un uomo; (anche) se avessi detto :"C'è per me speranza, anche se fossi stata questa notte di un uomo e anche se avessi generato (dei) figli"*.

1,13

דְּלִמָא לְהוֹן אַתּוּן : cong. דְּלִמָא "forse" (composta da מָא + לְ + דִּי; cfr. TO a Gen 50,15) + prep. לְ (retta dal verbo che segue), con suff. 3 m. pl. לְהוֹן (cfr. 1,4) + pron. pers. 2 m. (e f.) pl. אַנְתּוּן / אַתּוּן (Dn 2,8) = forse che loro voi.

מתינן : radice מתן "aspettare, attendere" (verbo מְתַן); *P'al*; part. pass. (מְתִין); f. pl. מְתִינָן "aspettanti" = aspetterete (cioè: forse che potreste aspettarli).

עד די : cong. עַד (seguita da דִּי) "fino a che" (AB עַד דִּי ad es. in Dn 2,34) = fino a che.

ירבון : radice רבי "diventare grande, crescere" (verbo רְבָה; רְבָא in Dn 4,30); *P'al*; imperf.; 3 m. pl. יִרְבּוּן = diventeranno grandi.

כאתתא דנטרא : particella כְּ con valore comparativo "come" + sost. f. אִתְּתָא "donna" (cfr. 1,1) + pron. rel. דְּ + radice נטר "custodire, vegliare"; *P'al*; part.; f. s. נָטְרָא (oppure sost. m. enf. נָטְרָא "custode") = come una donna che veglia/custodisce (oppure: che è custode).

ליבם קליל : prep. לְ che qui introduce l'acc. + sost. ebraico יָבָם o aramaico יְבַם "cognato" (var. ebraico יִבּוּם "levirato"; Dalman *ad vocem*) + agg. קְלִיל "piccolo, leggero" (TO a Nm 21,5) = un cognato piccolo.

למסבה לגבר : radice נסב "prendere" (seguito da לְגְבַר "come marito", significa "sposarsi, maritarsi"; cfr. 1,8); *P'al*; inf. (preceduto da לְ), con suff. 3 f. s. לְמִסְבַהּ "per prendere lei" (TO a Dt 24,4); var. לְמִסְבֵיהּ "per prendere lui" [nel primo caso גְּבַר funge da soggetto, nel secondo da oggetto] = per sposarla (lett.: prenderla come marito).

הבדילהון אתון : particella interr. הַ (prima di šəwā) "forse che?" (cfr. 1,11) + cong. בְּדִיל (composta da בְּ, דִּי e לְ, lett.: "per quanto riguarda"), con suff. 3 m. pl. הַבְדִילְהוֹן "per essi" + אַתּוּן / אַנְתּוּן "voi" (vedi sopra) = forse che per loro, voi.

יתבן עגימן : radice יתב "sedere, risiedere" (cfr. 1,4); *P'al*; part.; f. pl. יָתְבָן "sedenti" (var. יָתְבִין) + agg. (part. pass.) f. pl. עֲגִימָן "legate, impedite" (cfr. Dalman e Jastrow *ad vocem* עֲגַם; var. עֲגִימִין) = sedereste legate.

בדיל דלא למהוי : l'espressione בְּדִיל דְּלָא ha valore consecutivo "per non, così da non" + לְמֶהֱוֵי "essere" (cfr. מִלְמֶהֱוֵי in 1,12) = così da non essere.

מתנסבן : radice נסב (vedi sopra); *Ithpe.*; part.; f. pl. מִתְנַסְבָן (così in Levy, *ad vocem*) o מִתְנַסְבָן = sposate/maritate.

לגבר : per לְגְבַר vedi sopra = a un uomo.

בבעו ברתי : prep. בְּ + sost. בָּעוּ "richiesta" (Dn 6,8); formano l'espressione idiomatica בְּבָעוּ "per favore, suvvia" (cfr. TO a Gen 50,17; cfr. anche Dalman, § 56) + sost. f. pl. con suff. 1 s. בְּרַתִּי "o figlie mie" (cfr. 1,11) = per favore/orsù, figlie mie.

לָא תמררון נפשי : avv. di negazione לָא "non" + radice מרר "essere amaro" (verbo מַר); *Pa'el* "amareggiare, rendere amaro"; imperf.; 2 m. (e f.) pl. תְּמָרְרוּן (var. תְּמָרְרוּן; cfr. Jastrow *ad vocem* מְרַר, מְרִיר) + sost. f. נְפַשׁ (TO a Dt 27,25) / נַפְשָׁא (TO a Es 21,23) "anima, vita", con suff. 1 s. נַפְשִׁי (TO a Gen 12,13) = non amareggiate la mia anima/vita.

ארום מריר לי : cong. אֲרוּם di valore causale (cfr. 1,1) + agg. מָרִיר "amaro" + prep. לְ, con suff. 1 s. לִי = perché è amaro/triste per me.

יותר מנכון : avv. di quantità יוֹתֵר (ebraico e aramaico; יָתֵר in Rut 3,12; cfr. Dalman *ad vocem*; var. יַתִּיר) "più" (rafforza il מִן che segue; יוֹתֵר è ebraico, aramaizzato in יוֹתֵר, cfr. Jastrow *ad vocem*; ci aspetteremmo la forma יַתִּיר) + prep. מִן che introduce il secondo termine di paragone "più di", con suff. 2 m. (e f.) pl. מִנְכוֹן (cfr. TO a Gen 42,16) = più di voi.

ארום נפקת בי : cong. אֲרוּם di valore causale (cfr. 1,1) + radice נפק "uscire" (verbo נְפַק, ad es. in Dn 2,14); *P'al*; perf.; 3 f. s. וּנְפָקַת (oppure וְנָפְקַת; cfr. 1,7) + prep. בְּ, con suff. 1 s. בִּי = poiché è uscita contro di me.

מחא מן קדם יהוה : sost. f. מַחֲתָא / מַחָא "colpo, piaga" (מְחָא in TO a Es 8,15 dove ricorre tutta l'espressione) + prep. composta מִן קֳדָם (cfr. 1,1) "da davanti" + nome divino = una piaga/colpo da davanti YHWH.

TARGUM: *"Forse che voi potreste aspettare fino a che diventeranno grandi come una donna che custodisce un cognato piccolo per sposarsi? Forse che per loro siedereste legate così da non essere maritate a un uomo? Per favore, figlie mie, non amareggiatemi perché è amaro/triste per me molto più di voi (oppure: a causa di voi), poiché è uscito contro di me un colpo da parte di YHWH".*

TM: *"Forse che per questo potreste aspettare fino a che diventeranno grandi? Forse che rimarreste sole per non essere di un uomo? No, figlie mie, perché è amaro/triste per me molto più di voi (oppure: a causa di voi), poiché è uscita (oppure: che sia uscita) contro di me la mano di YHWH".*

1,14

ונטלן קלהן : cong. וְ + radice נטל "prendere, sollevare" (cfr. 1,9); *P'al*; part.; f. pl. נָטְלָן (oppure perf.; 3 f. pl.; cfr. 1,9) + sost. m. קָל / קָלָא "voce, suono", con suff. 3 f. pl. קָלְהוֹן (cfr. 1,9) = e (esse) alzarono la loro voce.

ובכיאן עוד : cong. וְ + radice בכי "piangere" (verbo בְּכָא); *P'al*; part.; f. pl. וּבְכִיאָן (oppure perf. 3 f. pl. וּבְכִיאָן; cfr. 1,9) + avv. עוֹד "ancora" (cfr. 1,11) = e piansero ancora.

זימנא אוחרנא : sost. m. זְמָא / זְמַן "tempo, volta" (Dn 3,7.8 + 3 volte; cfr. 1,4) + agg. m. אוּחֲרָנָא (TO a Gen 37,9) "altro" (AB אָחֳרָן, ad es. Dn 7,24) = un'altra volta.

ונשיקת ערפה : cong. וְ + radice נשק "baciare"; *P'al*; perf.; 3 f. s. וּנְשִׁיקַת (o *Pa.* וְנַשֵּׁיקַת; cfr. 1,9) + nome pr. f. עָרְפָּה = e baciò Orpa.

לחמותה : prep. לְ (qui לַ a causa della vocale che segue) che introduce il complemento oggetto + sost. f. חֲמוֹתָא "suocera" (var. חֲמָתָא), con suff. 3 f. s. חֲמוֹתַהּ (Dalman *ad vocem*) = la sua suocera.

ורות : cong. וְ con valore avversativo "ma, invece" + nome pr. f. רוּת "Rut" = ma Rut/Rut invece.

אתדבקת בה : radice דבק "aderire, seguire" (AB part. m. pl. דְּבְקִין); *Ithpa.* (o *Ithpe.*); perf.; 3 f. s. אִתְדַּבְקַת (o אִתְדְּבֵקַת) + prep. בְּ, con suff. 3 f. s. בַּהּ (AB בַּהּ, ad es. in Dn 2,41) = aderì a lei.

TARGUM: *Alzarono la loro voce e piansero ancora* un'altra volta; *baciò Orpa la sua suocera, mentre Rut aderì ad essa.*

TM: *Alzarono la loro voce e piansero ancora; baciò Orpa la sua suocera, mentre Rut aderì ad essa.*

1,15

ואמרת : per אֲמַרַת o וַאֲמַרַת cfr. 1,11; *P'al*; perf.; 3 f. s. = e disse (Noemi).

הא : interiezione הָא (AB הָא in Dn 3,25) = ecco.

תבת : radice תוב "tornare, volgersi" (cfr. 1,8); *P'al*; perf.; 3 f. s. תָּבַת (TO a Es 4,7) = è ritornata.

יבמתך : sost. f. יְבַמְתָּא o יְבִמְתָּא (Dalman יְבִּמְתָּא; evidentemente per יְבִמְתָּא) "cognata", con suff. 2 f. s. יְבִמְתִּךְ (vedi יבמתיך poco sotto; in TO a Dt 25,7 יְבִמְתֵּיהּ, con suff. 3 m. s.) = la tua cognata.

לות עמה : prep. לְוָת "presso" (לְוָתָךְ, con suff. 2 m. s. in Esd 4,12) + sost. m. עַם / עַמָּא "popolo" (cfr. 1,6), con suff. 3 f. s. עַמַּהּ (TO a Nm 5,27) = al suo popolo.

ולות דחלתה : cong. וְ (qui וּ prima di šəwā) + prep. לְוָת (vedi sopra) + sost. f. דַּחֲלְתָא (דַּחַלְתָּא in TO a Es 15,16; cfr. 1,10) "timore, divinità" al pl.

(דַחֲלָתָא / דַּחֲלָן), con suff. 3 f. s. דַּחֲלָתַהּ (var. דַחֲלָתָהָא) = e ai suoi dei/idoli.

תּוּבִי : radice תוב "tornare, volgersi" (cfr. 1,11); *P'al*; imperat.; 2 f. s. תּוּבִי (cfr. TO a Gen 16,9) = ritorna/volgiti.

בָּתַר יְבַמְתִּיךְ : prep. בָּתַר "dietro, dopo" (cfr. 1,8) + sost. f. יְבַמְתָּא o יְבַמְתָּא "cognata", con suff. 2 f. s. יְבִמְתִּיךְ (vedi יְבַמְתֵּךְ sopra) = dietro a tua cognata.

לְעַמִּיךְ וּלְדַחֲלָתִיךְ : prep. לְ + sost. m. עַם / עַמָּא "popolo", con suff. 2 f. s. עַמִּיךְ "il tuo popolo" (TO a Nm 5,21) + sost. f. דַּחֲלָתָא (vedi sopra) al pl. con suff. 2 f. s. וּלְדַחֲלָתִיךְ (var. וּלְדַחֲלָתַיִךְ) "e alle tue divinità" = al tuo popolo e ai tuoi dei/idoli.

TARGUM: *Disse (Noemi): "Ecco è ritornata la tua cognata al suo popolo e ai suoi dei; ritorna dietro a tua cognata al tuo popolo e ai tuoi dei".*

TM: *Disse (Noemi): "Ecco è ritornata la tua cognata al suo popolo e ai suoi dei; ritorna dietro a tua cognata".*

1,16

וַאֲמַרַת רוּת : per וַאֲמַרַת o וַאֲמֶרַת cfr. 1,11 + nome pr. f. רוּת = e disse Rut.

לָא תִקְנִיטִי בִי : avv. di negazione לָא "non" + radice קנט "detestare, av- versare, offendere"; *Af'el*; imperf.; 2 f. s. תִּקְנִיטִי (Dalman § 61,11, p. 271 + *ad vocem*) + prep. בְּ (retta dal verbo), con suff. 1 s. בִּי = non offender- mi/detestarmi.

לְמִשְׁבְּקִיךְ : radice שבק "lasciare, abbandonare"; *P'al*; inf. preceduto da לְ (לְמִשְׁבַּק in Dn 4,23 e TO a Gen 44,22), con suff. 2 f. s. לְמִשְׁבְּקִיךְ (cfr. Dal- man § 78,4, p. 378) = per abbandonarti (cioè: affinché io ti abbandoni).

לְמֵתַּב מִן בַּתְרַיִךְ : radice תוב "tornare, volgersi" (cfr. 1,6); *P'al*; inf. pre- ceduto da לְ (לְמֵתַּב; cfr. 1,7) + prep. בָּתַר "dietro, dopo" (cfr. 1,8), con suff. 2 f. s. בָּתְרַיִךְ (cfr. Dalman § 41, p. 204) = per ritornare da dietro di te.

אֲרוּם תָּאִיבָא אֲנָא : cong. di valore causale אֲרוּם "poiché" + radice תאב "desiderare"; *P'al*; part.; f. s. תָּאִיבָא (Dalman *ad vocem*) o תָּאִיבָא (Levy *ad vocem*) [o תָּאִיבָא (Jastrow *ad vocem* תָּאֵב ,תָּאֵיב I)] usato come agg. "desi- derosa" (var. תָּאִיבְנָא o תָּאִיבְנָא "sono desiderosa", con pron. pers. encl. 1 s.) + pron. pers. 1 s. אֲנָא "io" = perché io desidero.

לְאִתְגַּיָּירָא : radice גיר / גור; *Ithpa.* (אִתְגַּיַּר) "convertirsi (al giudaismo)"; inf. preceduto da לְ (לְאִתְגַּיָּירָא; cfr. Levy *ad vocem* גַּיֵּר) (cfr. anche 1,10) = convertirmi (diventare proselito).

אמרת נעמי : per אֲמֶרֶת o אֲמַרְת cfr. 1,11 + nome pr. f. נָעֳמִי = disse Noemi.

אתפקדנא : radice פקד "comandare, ordinare"; *Ithpa*. אִתְפְּקַד (ad es. TO a Nm 3,16; oppure *Ithpe*. אִתְפְּקַד / אִתְפְּקֵד) "essere comandato"; perf.; 1 pl. אִתְפַּקַּדְנָא (o אִתְפַּקַּדְנָא) = siamo stati comandati.

למיטר שביא : radice נטר "custodire, vigilare" (cfr. 1,13; AB נְטֶרֶת in Dn 7,28); *P'al*; inf. preceduto da לְ (לְמִיטַר; TO a Gen 3,24) + sost. m. שַׁבָּא "settimana, sabato" al pl. שַׁבַּיָּא = di osservare i sabati.

ויומי טבא : cong. וְ + sost. m. יוֹם "giorno" al pl. יוֹמֵי (forma accorciata e contratta per יוֹמַיָּא) + agg. m. pl. טָבָא (var. טָבֵי; per טָבַיָּא) "buoni" (יוֹם seguito da טַב significa "giorno di festa, giorno festivo") = e i giorni festivi.

בדיל דלא להלכא : cong. composta בְּדִיל דְּ di valore consecutivo + avv. di negazione לָא "non": "così da non" (cfr. 1,13) + radice הלך "andare, camminare" (cfr. 1,7); *Pa'el*; inf. preceduto da לְ (לְהַלְּכָא); cfr. TO a Lv 18,4) = così da non camminare.

בר מתרין : sost. בַּר / בְּרָא (AB בָּרָא) "esterno, fuori" usato con מִן come prep. בַּר מִן "oltre, all'infuori di" + num. m. תְּרֵין "due" (cfr. תְּרֵי, costr. in Dn 4,26 e Esd 6,17) = all'infuori di due.

אלפין אמין : num. sost. אֶלֶף (Dn 5,1) / אַלְפָּא (Dn 5,1) "mille, migliaio" al pl. ass. אַלְפִין "migliaia" (אַלְפִין Q in Dn 7,10) + sost. f. (talvolta m.) אַמָּה / אַמְּתָא (TO a Es 30,2) "cubito" al pl. ass. אַמִּין (אַמִּין in Dn 3,1 e Esd 6,3; cfr. anche TO a Es 30,2) = mila cubiti.

אמרת רות : cfr. inizio del v. = disse Rut.

לכל מן די את אזילא : prep. לְ + pron. indef. כֹּל "ogni" in stato costr. כָּל: לְכָל "a ogni" + מַן דִּי (var. מַאן; AB מַן, ad es. Dn 3,6.11; in particolare 4,29) "chiunque, chicchessia" (lett.: "a ogni chi che") + pron. pers. 2 f. s. אַתְּ "tu" + verbo אֲזַל "andare" (cfr. 1,1); *P'al*; part.; f. s. אָזְלָא (per אָזְלָא o אָזֵילָא cfr. Stevenson, p. 55, con rimando a Dalman § 69.5, p. 311); var. perf. 2 f. s. דַּאֲזַלְתְּ (oppure דַּאֲזַלְתְּ) = da chiunque tu vai/andrai.

איזיל : verbo אֲזַל (vedi sopra); *P'al*; imperf. 1 s. אֵיזֵיל (TO a Gen 24,58) o אֵיזֵיל (TO a Es 3,11) = andrò.

אמרת נעמי : per אֲמֶרֶת o אֲמַרְת vedi sopra = disse Noemi.

אתפקידנא : per אִתְפַּקַּדְנָא (o אִתְפַּקִּידְנָא) vedi sopra = siamo stati comandati.

דלא למבת כחדא : דְּלָא "di non/che non" + radice בית / בות "alloggiare, passare la notte"; *P'al*; inf. preceduto da לְ (לְמִבָּת); TO a Gen 24,23.25) + particella comparativa כְּ "come" seguita da num. f. חֲדָא (כַּחֲדָא) con valore di avv. "insieme, simultaneamente" (lett.: "come una") = di non abitare/passare la notte insieme.

עם עממיא : prep. עִם "con" + sost. m. עַם / עַמָּא "popolo" (cfr. 1,6) al pl. enf. עַמְמַיָּא (ad es. Dn 3,7) "popoli (stranieri), gentili" (cfr. anche 1,5) = con i popoli (= gentili/stranieri).

אמרת רות : per אֲמַרַת רוּת vedi sopra = disse Rut.

לכל אתר די תביתי : prep. לְ "a" + pron. indef. כֹּל "ogni" + sost. m. אֲתַר "luogo" (cfr. Dn 2,35) + pron. rel. דִי "che" (cioè: "in ogni luogo, dovunque") + radice בות / בית "abitare, passare la notte"; *P'al*; imperf.; 2 f. s. תְּבִיתִי "pernotterai" (cfr. Dalman § 70,11, p. 320); var. dalla radice יתב "sedere, risiedere" (verbo יְתֵב; cfr. 1,4); *P'al*; imperf.; 2 f. s. תֵּיתִיבִי "risiederai" = in ogni luogo nel quale pernotterai (oppure: risiederai).

אבית : radice בית / בות (vedi sopra); *P'al*; imperf.; 1 s. אֲבִית (var. אֵיבִית o אִיבִית; forme incerte) = io alloggerò.

אמרת נעמי : vedi sopra = disse Noemi.

אתפקידנא : per אִתְפְּקַדְנָא (o אִתְפְּקֵדְנָא) vedi sopra = siamo stati comandati.

למינטר : cfr. sopra la var. לְמִיטַר per לְמִנְטַר con assimilazione (cfr. AB לְמִנְתַּן di Esd 7,20) = di osservare.

שית מאה : num. f. שִׁית "sei" (AB שֵׁת, in Dn 3,1 e שֵׁשׁ in Esd 6,15) + num. e sost. f. מְאָה "cento, centinaio" (מְאָה in AB) = seicento.

ותלת עסר : cong. וְ (qui וּ prima di šəwā) + num. f. תְּלָת "tre" (תְּלָת in Dn 7,5.8.20) + num. עֲסַר "dieci" (עֲשַׂר ad es. in Dn 4,26) = e tredici.

פיקודיא : sost. m. pl. פִּיקוֹדַיָּא "precetti, comandamenti" (TO a Lv 26,14; Dalman פִּקּוֹדַיָּא) = precetti.

אמרת רות : vedi sopra = disse Rut.

מה דנטרין עמיך : pron. interr. per le cose מָה (AB מָה e מָא) seguito da דְ "ciò che" + radice נטר "osservare, custodire" (AB perf. 1 s. נֶטְרֶת); *P'al*; part.; m. pl. נָטְרִין (soggetto è il nome collettivo "popolo") + sost. m. עַם / עַמָּא "popolo", con suff. 2 f. s. עַמִּיךְ "il tuo popolo" (cfr. 1,15) = ciò che osserva il tuo popolo.

איהא נטרא אנא : radice הוי "essere" (cfr. 1,1); *P'al*; imperf.; 1 s. אֵיהֵא (TO אֱיֱהֵי) + radice נטר "osservare, custodire" (vedi sopra) ; *P'al*; part.; f. s. נָטְרָא + pron pers. אֲנָא "io" = osserverò (anche) io (lett.: sarò osservante io).

כאילו הוו עמי : cong. כְּאִילּוּ (composta da כְּ + אִין + לוֹ) "come se" (cfr. אִילּוּ in 1,12) + radice הוי (cfr. 1,1); *P'al*; perf.; 3 m. pl. הֲווֹ (הֲווֹ in Dn 2,35; var. הֲוָה) + עַמִּי "il mio popolo" (TO a Gen 41,40) = come fosse(ro) il mio popolo.

מן קדמת דנא : espressione idiomatica מֶן קְדֵמֵת דְּנָא "da sempre" (composta dalla prep. מֶן + lo stato costr. f. קְדֵמֵת + pron. dimostr. m. s. דְּנָא; Dn 6,11 e Esd 5,11; AB דְּנָה; cfr. Vogt *ad vocem* קְדֵמָה) = da sempre (lett.: "da prima di questo").

אמרת נעמי : vedi sopra = disse Noemi.

אתפקידנא : per אִתְפַּקַדְנָא (o אִתְפַּקַדְנָא) vedi sopra = siamo stati comandati.

דלא למפלח : per דְּלָא "che non/di non" vedi sopra + radice פלח "servire, adorare" (10 volte in AB, ma non all'inf.); *P'al*; inf. preceduto da ל (לְמִפְלַח; cfr. TO a Gen 2,5) = di non adorare/servire.

פולחנא נוכראה : sost. m. פּוּלְחָנָא "culto, adorazione" (TO a Nm 8,26; in Esd 7,19 è attestato lo stato costr. פָּלְחָן) + agg. m. s. נוּכְרָאָה "straniero" (cfr. 1,5) = un culto straniero.

אמרת רות : cfr. sopra = disse Rut.

אלהך הוא אלהי : sost. m. אֱלָה (Dn 2,19) / אֱלָהָא (Dn 2,20) "Dio", con suff. 2 m. (e f.) s. אֱלָהָך (Esd 7,14) + pron. pers. 3 m. s. הוּא che funge da copula "(egli) è" + stesso sost. con suff. 1 s. אֱלָהִי (Dn 6,23) = il tuo Dio è il mio Dio.

TARGUM: *Disse Rut: "Non insistere con me* (lett.: *non offendermi) per abbandonarti (affinché io ti abbandoni) per ritornare da dietro di te, perché io desidero convertirmi al giudaismo".* Disse Noemi: "Siamo stati comandati di osservare i sabati e i giorni festivi, così da non camminare oltre duemila cubiti". Disse Rut: *"dovunque tu andrai io andrò".* Disse Noemi: "Siamo stati comandati di non passare la notte insieme ai gentili". Disse Rut: *"in ogni luogo nel quale risiederai, abiterò".* Disse Noemi: "Siamo stati comandati di osservare seicentotredici precetti". Disse Rut: "Ciò che osserva *il tuo popolo* osserverò (anche) io, come fossero *il mio popolo* da sempre". Disse Noemi: "Siamo stati comandati di non praticare un culto straniero". Disse Rut: *"il tuo Dio è il mio Dio".*

TM: *Disse Rut: "Non insistere con me per abbandonarti (affinché io ti abbandoni) per ritornare da dietro di te; poiché dovunque tu andrai io andrò e dovunque tu pernotterai io pernotterò; il tuo popolo (è) il mio popolo e il tuo Dio (è) il mio Dio".*

1,17

אמרת נעמי : cfr. v. precedente = disse Noemi.

אית לנא : particella di esistenza אִית "è, c'è" (AB אִיתַי, con suff. 1 pl.

אִיתַנָא Q in Dn 3,18) + prep. לְ, con suff. 1 pl. לַנָא "a noi" (לַנָא in Esd 4,14) = noi abbiamo (lett.: è/sono a noi).

ארבע דיני מותא : num. card. f. אַרְבַּע "quattro" (AB אַרְבַּע) per il m. אַרְבָּעָה (ad es. Esd 2,7.15) + sost. m. דִּין (Dn 4,34) / דִּינָא (Dn 7,10 + דִּינָה in Esd 7,26) "giudizio" al pl. costr. דִּינֵי (var. מִינֵי pl. costr. di מִין "genere, tipo") + sost. m. מוֹתָא "morte" (cfr. 1,8) = quattro giudizi/generi di morte (cioè: quattro modi di condannare a morte).

לחייביא : prep. לְ "per" + sost. m. חַיָּבָא "debitore, peccatore, colpevole" (TO a Gen 18,23) al pl. enf. חַיָּבַיָּא (TO a Nm 16,26) = per i debitori/peccatori.

רגימת אבנא : sost. f. רְגִימָא "lancio (di pietra), lapidazione" in stato costr. רְגִימַת (Dalman *ad vocem*) + sost. f. אֶבֶן (ad es. Dn 2,34) / אַבְנָא (ad es. Dn 2,35) "pietra, sasso" (var. pl. אַבְנִין) = la lapidazione (lett.: lancio di pietra/pietre).

ויקידת נורא : cong. וְ (qui וִ) + sost. f. יְקֵידָא "fuoco, bruciatura" in stato costr. יְקֵידַת (TO a Nm 19,6; AB agg. f. יָקֵדְתָּא fuoco "bruciante") + sost. m. e f. נוּר (ad es. Dn 7,9.10) / נוּרָא (ad es. Dn 3,20.21) "fuoco" = e il rogo (lett.: bruciatura di fuoco).

וקטילת סייפא : cong. וְ (qui וּ) + sost. f. קְטִילָא "uccisione" (cfr. TO a Dt 21,3) in stato costr. קְטִילַת (Dalman e Jastrow *ad vocem*) + sost. m. סַיְפָא "spada" (Dalman *ad vocem*) = e l'uccisione di spada.

וצליבת קיסא : cong. וְ (qui וּ) + sost. f. צְלִיבְתָּא (תָּא- in Dalman) "impalatura, crocifissione" in stato costr. צְלִיבַת (cfr. Dalman e Jastrow *ad vocem*) + sost. m. קֵיסָא "legno, albero" = e la crocifissione (impalatura) del legno.

אמרת רות : cfr. v. precedente = disse Rut.

לכל מה דתמותי : prep. + pron. לְכָל "per tutto" + pron. interr. מָה "che cosa" (cfr. v. precedente) seguito dal pron. rel. דְּ (qui דִּ) "che" (lett.: "per tutto ciò che") + radice מות "morire" (cfr. 1,3); *P'al*; imperf.; 2 f. s. תְּמוּתִי (Dalman § 70,11, p. 320) = per tutto ciò che morirai.

אמות : radice מות "morire" (vedi sopra e cfr. 1,3); *P'al*; imperf.; 1 s. אֶמוּת (אֵימוּת in TO a Gen 27,4; אֵימוּת in TO a Gen 45,28) = morirò (anche io).

אמרת נעמי : vedi sopra = disse Noemi.

אית לנא בית קבורתא : per לַנָא אִית vedi sopra + sost. m. בַּיְתָא / בֵּית "casa" in stato costr. בֵּית (cfr. 1,6) + sost. f. קְבוּרְתָּא (Dalman תָּא-) "sepoltura" (TO Gen 35,20; insieme significano "cimitero"). Secondo altra inter-

pretazione la parola בֵּית sarebbe la seconda lettera dell'alfabeto e signi-
ficherebbe "due"; la parola che segue sarebbe da leggere al pl. קְבוּרָתָא
"due sepolture" = abbiamo un cimitero (proprio)/abbiamo due cimiteri.

אמרת רות : vedi sopra = disse Rut.

ותמן : cong. וְ + avv. di luogo תַּמָּן "là" (cfr. 1,2) = e là.

אהא קבירא : radice הוי "essere" (cfr. 1,1); P'al; imperf.; 1 s. אֶהֱא o אֱהֵא
(TO אֶיְהֵי; cfr. 1,16) + radice קבר "seppellire"; P'al; part. pass.; f. s. קְבִירָא
(cfr. קְבִיר m. s. in TO a Dt 33,21) = sarò sepolta.

ולא תוסיפי עוד : cong. וְ + avv. di negazione לָא "e non" + radice יסף;
Af'el אוֹסִיף "aggiungere, aumentare" (ad es. TO a Gen 38,26); imperf.; 2
f. s. תּוֹסִיפִי (Dalman § 69,5, p. 312) + avv. עוֹד "ancora" (cfr. 1,11) = e non
aggiungere ancora/oltre.

למללא : radice מלל "parlare, dire"; Pa'el מַלֵּל; inf. preceduto da לְ
(לְמַלְּלָא; TO a Gen 37,4); cfr. in AB il part. f. מְמַלְּלָה = a parlare (cioè: non
continuare a parlare).

כדנן יעביד : avv. di modo כְּדְנָן "così" (composto da כְּ "come" e דֵּין / דְּנָן
"questo"; Dalman § 17, p. 111) + radice עבד "fare"; P'al; imperf.; 3 m.
s. con possibile valore iussivo יַעֲבֵיד (o יַעֲבֵד; cfr. 1,8) = così farà/faccia.

יהוה לי : nome divino יהוה + prep. לְ con suff. 1 s. לִי = YHWH a me.

וכדנן יוסיף עלי : cong. וְ + avv. כְּדְנָן "così" (vedi sopra) + radice יסף (vedi
sopra); Af'el "aggiungere, aumentare"; imperf.; 3 m. s. יוֹסִיף (Dalman §
69,5, p. 312; יֹסֵף in TO a Gen 30,24) con possibile valore iussivo + prep.
עַל con suff. 1 s. עֲלַי (cfr. Dn 4,31.33) = e così aggiungerà/aggiunga a me.

ארום מותא : cong. אֲרוּם "che, perché" (oppure formula di giuramento
con verbo sottinteso) + sost. m. מוֹתָא "morte" (cfr. 1,8) = perché (soltanto) la morte (oppure: [giuro] che la morte…).

יהא מפריש : radice הוי "essere"; P'al; imperf.; 3 m. s. יְהֵי (יְהִי in TO a
Gen 3,15; AB לֶהֱוֵא) + radice פרש "dividere, separare"; Af'el; part.; m. s.
מַפְרֵישׁ (TO a Gen 1,6) = dividerà (lett.: "sia dividente/separante").

ביני ובינך : prep. בֵּין "tra, fra" (AB בֵּין), con suff. 1 s. בֵּינִי (TO a Dt 31,17;
Dalman § 47, p. 231) + cong. וְ (qui וּ) + prep. בֵּין, con suff. 2 m. (e f.) s.
וּבֵינָךְ (Dalman ibidem) = fra me e fra te.

TARGUM: Disse Noemi: "Noi abbiamo quattro generi di condanna a morte per i peccatori: la lapidazione, il rogo, l'uccisione di spada, la crocefissione/
impalatura". Disse Rut: "Per tutto ciò che *morirai io morirò*". Disse Noemi:
"Abbiamo un cimitero proprio (oppure: abbiamo due cimiteri)". Disse Rut:
"*E là sarò sepolta* e non continuare a parlare; *così farà/faccia YHWH a me e*

così aggiungerà/aggiunga a me; *(giuro) che la morte soltanto dividerà fra me e fra te"*.

TM: *"Dovunque morirai io morirò e là sarò sepolta; così farà YHWH a me e così aggiungerà/aggiunga; (giuro) che la morte soltanto dividerà fra me e fra te"*.

1,18

וחזת ארום : cong. וְ "e" (qui וַ) + radice חזי "vedere" (AB חֲזָה); *P'al*; perf.; 3 f. s. חֲזָת (TO a Gen 38,14) + cong. אֲרוּם con valore dichiarativo "che" = e vide che.

מאלמא היא : radice אלם "essere forte, diventare forte"; *Pa'el* "rinforzare, insistere"; part. pass.; f. s. מְאַלְמָא (Jastrow *ad vocem* אֲלַם) + pron. pers. 3 f. s. הִיא = che essa (Rut) era decisa/voleva fermamente.

למהך : prep. לְ + inf. *P'al* di הָךְ "andare" (radice הוך) לְמֵהָךְ (Esd 7,13; var. לְמֵיזַל da אֲזַל, cfr. TO a Gen 11,31) = andare.

עמה : prep. עִם "con" (cfr. 1,6), con suff. 3 f. s. עִמַּהּ (TO a Gen 3,6) = con essa/con lei.

ופסקת : cong. וְ (qui וּ) + radice פסק "cessare, smettere, stare in silenzio"; *P'al*; perf.; 3 f. s. וּפְסֵקַת (TO a Nm 21,30) = e cessò/smise.

מלמללא לה : prep. מִן "da" + inf. *Pa'el* di מלל "parlare, dire" מִלְמַלָּלָא (cfr. לְמַלָּלָא in 1,17) + prep. לְ, con suff. 3 f. s. לַהּ (AB לַהּ; cfr. TO a Gen 11,30) = di parlare/dire a lei.

TARGUM: *Vide (Noemi) che essa voleva fermamente andare con lei e cessò di parlare a lei*.

TM: *Vide (Noemi) che essa voleva fermamente andare con lei e cessò di parlare a lei*.

1,19

ואזלן תרויהן : cong. וְ (qui וַ) + radice אזל "andare" (verbo אֲזַל; cfr. 1,1); *P'al*; perf.; 3 f. pl. אֲזַלָן (o part. f. pl. וְאָזְלָן) + num. תְּרֵין "due", con suff. 3 m. (e f.) pl. תַּרְוֵיהֹן "loro due" (cfr. תַּרְוֵיהוֹן, con וֹ, in 1,5; qui in 1,19 è possibile anche il suff. f. הֵן-) = e andarono/si incamminarono loro due.

עד דעלן : cong. עַד seguita da דְּ "fino a che/fino a quando" + radice עלל

"entrare, arrivare" (verbo עַל, ad es. Dn 2,16); *P'al*; part.; f. pl. עָלָן (AB m. pl. עָלִין Q in Dn 4,4 e 5,8) = fino a che entrarono.

בית לחם : nome di villaggio בֵּית לֶחֶם "Betlemme" (cfr. 1,1) = a Betlemme.

והוה : per וַהֲוָה cfr. 1,1 = e avvenne (che).

כד עלן לבית לחם : particella כַּד con valore temporale "quando" + עָלָן (vedi sopra) + nome di villaggio (vedi sopra) = quando entrarono a Betlemme.

וארגישו : cong. וְ + radice רגש (verbo רְגַשׁ) "tremare, essere agitato"; *Af.* "essere in agitazione, muoversi"; perf.; 3 m. pl. אַרְגִּישׁוּ (AB הַרְגִּישׁוּ in Dn 6,7.12.16) = furono in agitazione.

כל יתבי קרתא : sost. כָּל "totalità" usato come pron. indefinito "tutto, ogni" + radice יתב "sedere, risiedere, abitare" (cfr. 1,4); *P'al*; part.; m. pl. costr. יָתְבֵי (AB יָתְבִין part. pl. m. ass. in Esd 4,17) + sost. f. קַרְתָּא "città" (TO a Gen 34,25) = tutti gli abitanti della città.

עילויהון : prep. עֲלָוֵי "su, sopra, a riguardo", con suff. 3 m. (e f.) pl. עֲלֵיהוֹן (Dalman § 47,4, p. 229; var. עֲלֵיהוֹן da עַל; Dalman, *ibidem*) = a loro riguardo.

ואמרין : cong. וְ + radice אמר "dire, parlare"; *P'al*; part. att.; m. pl. אָמְרִין (oppure perf. 3 f. pl. וַאֲמַרִין; cfr. 1,10) = e dissero/dicevano.

הדא נעמי : part. interr. הֲ "forse che" (AB הֲ e הֲ) + pron. dimostr. f. דָּא "questa" + nome pr. f. = forse che questa (è) Noemi?

TARGUM: *Si incamminarono loro due fino a che entrarono a Betlemme; e avvenne che quando entrarono a Betlemme furono in agitazione tutti gli abitanti della città a loro riguardo e dissero: "Forse che questa (è) Noemi?/Non (è) questa Noemi?".*

TM: *Si incamminarono loro due fino al loro arrivare a Betlemme; e avvenne che al loro arrivare a Betlemme fu in agitazione tutta la città a loro riguardo e dissero: "Forse che questa (è) Noemi?/Non (è) questa Noemi?".*

1,20

ואמרת להון : per ואמרת cfr. 1,8 + prep. לְ con suff. 3 m. pl. לְהוֹן (cfr. 1,4) = ma essa disse loro.

לא תהויין קרן לי נעמי : avv. di negazione לָא (con l'imperf. per esprimere l'imperat. negativo) + radice הוי "essere" (cfr. 1,1); *P'al*; imperf.; 2 f. pl.

(usata col part.) תְּהֶוְיָן o תְּהֶוְיָן (var. m. תְּהֶווֹן; לְהֶוְיָן 3 f. pl. in Dn 5,17; cfr. 3 f. pl. יְהֶוְיָן in TO e Dalman § 73, p. 354) + radice קרא "chiamare" (verbo קְרָא / קְרִי); *P'al*; part.; f. pl. קָרֶן (per קָרְיָן; cfr. Dalman § 72, p. 350 e Levy *ad vocem* קְרָא I) + prep. לְ (retta dal verbo), con suff. 1 s. לִי + nome pr. f. נָעֳמִי = non chiamatemi/non continuate a chiamarmi (lett.: "non siate chiamanti me") Noemi.

קְרוּ לִי מְרִירַת נַפְשָׁא : radice קרא "chiamare" (vedi sopra); *P'al*; imperat.; m. (e f.) pl. קְרוּ (Dalman § 72, p. 348) + prep. לְ (vedi sopra), con suff. 1 s. לִי + agg. מָרִיר "amaro" (cfr. 1,13; oppure part. pass. מְרִיר) al f. s. costr. מָרִירַת (oppure מְרִירַת; cfr. Levy *ad vocem* מְרִירָא, מָרִיר) + sost. f. נַפְשָׁא / נְפַשׁ "anima, vita" (cfr. 1,13) = chiamatemi amara/amareggiata d'animo.

אֲרוּם אֲמְרִיר שַׁדַּי לִי : cong. di valore causale אֲרוּם "poiché" (cfr. 1,1) + radice מרר "essere amaro" (cfr. 1,13) *Af'el* אֲמְרִיר "rendere amaro"; perf.; 3 m. s. (Jastrow *ad vocem* מְרַר) + titolo di Dio שַׁדַּי "Onnipotente" (TM: שַׁדַּי) + לִי "me" = poiché l'Onnipotente mi ha amareggiata (cioè: l'Onnipotente ha agito con me amaramente).

לַחֲדָא : avv. di quantità לַחֲדָא "molto, troppo" (composto da לְ "a" e dal num. f. חֲדָא "una", similmente a כַּחֲדָא "insieme" al v. 1,16) = molto/troppo.

TARGUM: *Essa disse loro: "Non chiamatemi Noemi! Chiamatemi Amareggiata d'animo, poiché ha reso amaro l'Onnipotente a me molto!" (cioè: l'Onnipotente ha agito con me molto amaramente).*

TM: *Essa disse loro: "Non chiamatemi Noemi! Chiamatemi Mara, poiché ha reso amaro l'Onnipotente a me molto!" (cioè: l'Onnipotente ha agito con me molto amaramente).*

1,21

אֲנָא מַלְיָאה אֲזַלִית : pron. pers. 1 s. אֲנָא "io" (AB אֲנָה) + agg. f. s. מַלְיָאה "piena, riempita" (var. מַלְיָא; cfr. TO a Nm 7,20; Jastrow *ad vocem* מְלֵי, מַלְיָא) + verbo אֲזַל "andare, partire" (cfr. 1,1); *P'al*; perf.; 1 s. אֲזַלִית (TO a Gen 35,3; cfr. anche Dalman § 67, p. 299) = io piena sono andata/partita.

מִבַּעֲלִי וּמִבְּנַיי : prep. מִן retta dall'agg. che precede "piena di" + sost. m. בַּעֲלָא / בְּעֵל "marito, signore" (cfr. 1,3), con suff. 1 s. בַּעֲלִי o בַּעֲלִי (TO a Gen 29,32) + sost. m. בְּרָא / בַּר "figlio" (cfr. 1,1), al pl. בְּנִין (ad es. TO a

Gen 3,16) / בְּנַיָּא (ad es. TO a Gen 32,11; AB pl. costr. בְּנֵי), con suff. 1 s. בְּנַי (TO a Gen 31,43) = di mio marito e dei miei figli.

וריקניא : cong. וְ + agg. f. רֵיקָנְיָא (o רֵיקָנְיָא) "vuota" (m. רֵיקָן [TO a Gen 37,24] / רֵיקָנָא; Jastrow *ad vocem*; Dalman 403) = e vuota.

אתיבני יהוה מנהון : radice תוב "ritornare" (cfr. 1,6); *Af'el* "fare ritornare"; perf.; 3 m. s. אֲתֵיב (Dalman § 70, p. 323; הֲתִיב in Dn 2,14), con suff. 1 s. אֲתֵיבַנִי + nome divino + prep. מִן retta dall'agg. che precede "vuota di", con suff. 3 m. pl. מִנְּהוֹן (Dn 2,33 מִנְּהוֹן K e מִנְּהֵין Q) = mi ha fatto ritornare YHWH di loro (cioè: senza di loro).

למא דין : particella interr. לְמָא (var. לְמָה) "perché" (composta da לְ e מָא; AB מָה e מָא) + particella דֵּין "ora, dunque" = perché, dunque.

אתון קרן לי נעמי : pron. pers. 2 m. pl. אַתּוּן "voi" (אַנְתּוּן in Dn 2,8) + radice קרא "chiamare" (cfr. 1,20); *P'al*; part. att.; f. pl. קָרֶן (cfr. 1,20) + prep. לְ, con suff. 1 s. לִי "me" + nome pr. f. = voi mi chiamate Noemi?

ומן קדם יהוה : cong. וְ (qui וּ) con valore avversativo "ma, mentre" + מִן קֳדָם "da davanti" (cfr. 1,1) + nome divino (cfr. 1,6) = mentre da davanti a YHWH.

אסתהיד לי חובתי : radice סהד "testimoniare" (AB radice שׁהד); *Ithp'el* con metatesi אִסְתְּהִיד "essere testimoniato"; perf.; 3 m. s. (var. *Ittaf'al* אִתַּסְהַד; cfr. TO a Es 21,29) con valore impersonale "si è testimoniato" + prep. לְ (retta dal verbo), con suff. 1 s. לִי "contro di me" + sost. f. חוֹבְתָא "debito, peccato" (TO a Lv 4,14), con suff. 1 s. חוֹבְתִי = è stata testimoniata contro di me la mia colpa.

ושדי : cfr. 1,20 = e l'Onnipotente.

הבאיש לי : radice באשׁ "essere male, essere cattivo" (verbo בְּאֵשׁ; cfr. Dn 6,15); *Haf'el* "far male, danneggiare"; perf.; 3 m. s. הַבְאֵישׁ (var. *Af'el* אַבְאֵישׁ) + prep. לְ, con suff. 1 s. לִי = mi ha danneggiata?

TARGUM: *"Io piena sono andata di mio marito e dei miei figli e vuota mi ha fatto tornare YHWH di loro; perché dunque voi mi chiamate Noemi, mentre da davanti a YHWH è stata testimoniata contro di me la mia colpa e l'Onnipotente mi ha mandato il male?"*.

TM: *"Io piena sono andata e vuota mi ha fatto tornare YHWH; perché mi chiamate Noemi, mentre YHWH ha testimoniato contro di me e l'Onnipotente mi ha mandato il male?"*.

1,22

ותבת נעמי : cong. וְ + radice תוב "ritornare"; perf.; 3 f. s. תָּבַת (cfr. 1,6) + nome pr. f. = e ritornò Noemi.

ורות מואביתא : cong. וְ + nome pr. f. רוּת + agg. f. s. מוֹאֲבִיתָא (var. מוֹאֲבִיתָא) "moabita" (m. מוֹאֲבָאָה; cfr. Dalman *ad vocem*) = e Rut la moabita.

כלתה עמה : sost. f. כַּלְתָא "sposa, nuora" (cfr. 1,6), con suff. 3 f. s. כַּלָּתַהּ + prep. עִם "con", con suff. 3 f. s. עִמַּהּ (cfr. 1,18) = sua nuora, con lei.

די תבת : pron. rel. דִּי + תָּבַת (vedi sopra) = che era ritornata.

מחקל מואב : prep. מִן "da" + חֲקַל מוֹאָב (cfr. 1,1) = dalla campagna di Moab.

ואינון אתו : pron. pers. 3 m. (e f.) pl. אִינוּן (AB אֲנוּן) + verbo אֲתָא "venire, arrivare" (ad es. Esd 5,3.16); *P'al*; perf.; 3 pl. אֲתוֹ (אֵתוֹ in Esd 4,12) = ed esse arrivarono.

בית לחם : nome di città בֵּית לֶחֶם = a Betlemme.

במעלי : prep. בְּ + sost. m. מֵעֲלָא (Dalman *ad vocem*) "entrata, inizio" (radice עלל; in Vogt מֵעָל*) al pl. costr. מֵעֲלֵי (in Dn 6,15 e Dalman *ad vocem*; in Jastrow מֵעֲלֵי) = all'entrata di.

יומא דפסחא : sost. m. יוֹמָא / יוֹם "giorno" (cfr. 1,1) + particella דְּ "di" + nome di festa פִּסְחָא "Pasqua" (m. in aramaico) = il giorno di Pasqua.

ובההיא יומא : cong. וְ + prep. בְּ (in contesto וּב) + pron. dimostr. f. s. הַהִיא "quella" (var. m. וּבְהַהוּא) + sost. m. יוֹמָא / יוֹם (vedi sopra) = e in quel giorno.

שריאו בני ישראל : radice שְׁרִי (verbo שְׁרָא "slegare, risolvere"); *Pa'el* "cominciare"; perf.; 3 m. pl. שְׁרִיאוּ (Dalman *ad vocem* שְׁרָא I; שְׁרִיו in Esd 5,2) + בְּנֵי יִשְׂרָאֵל "i figli di Israele, gli israeliti" (בְּנֵי è pl. costr. di בְּרָא / בַּר "figlio"; cfr. 1,1.21) = cominciavano i figli di Israele.

למיחצד : radice חצד "mietere"; *P'al*; inf. לְמִיחְצַד (TO a Lv 19,9) = a mietere.

ית עומרא דארמותא : particella dell'acc. יָת (cfr. 1,8) + sost. m. עוֹמְרָא "Omer (nome di una misura), covone" + דְּ (in contesto דַ) con valore genitivale "di" + sost. f. אֲרָמוּתָא "sollevamento, ondeggiamento" (l'espressione ricorre in TO a Lv 23,15 nel senso di "covone da offrire col rito di agitazione") = il covone dell'offerta.

דהוה מן שעורין : pron. rel. דְּ (in contesto דַ) + verbo הֲוָה (radice הוי; cfr. 1,1); perf.; 3 m. s. + prep. מִן "di" + sost. f. collettivo סְעָרְתָא "orzo" (qui desunto dall'ebraico שְׂעוֹרָה) "orzo" al pl. סְעָרִין (TO a Lv 27,16; qui שְׂעוֹרִין, desunto dall'ebraico; cfr. anche 2,17.23) = che era di orzo.

TARGUM: *Ritornò Noemi e Rut la moabita, sua nuora, con lei che era tornata dalla* campagna *di Moab; ed esse arrivarono a Betlemme all'inizio* del giorno di Pasqua, e in quel giorno cominciavano i figli di Israele a mietere il covone dell'offerta che era di *orzo*.

TM: *Ritornò Noemi e Rut la moabita, sua nuora, con lei che era tornata dai campi di Moab; ed esse arrivarono a Betlemme all'inizio della mietitura dell'orzo*.

Capitolo secondo

2,1

ולנעמי אשתמודע : cong. וְ (qui וּ) + prep. לְ + nome pr. f. נָעֳמִי + sost. m. אִשְׁתְּמֹודַע "parente, conoscente" (*Ištaf'al* di מֹודַע; TO a Gen 38,26); la forma può essere sost. o verbo = e/ora a Noemi (era) (cioè: Noemi aveva) un parente.

לגברה : sost. m. גְּבַר / גַּבְרָא "uomo, marito" (cfr. 1,1), con suff. 3 f. s. גַּבְרַהּ (var. בַּעֲלַהּ; Dalman *ad vocem*) = a/di suo marito.

גבר גיבר : sost. m. גְּבַר (vedi sopra) + agg. e sost. m. גִּיבָּר / גִּיבַּר "eroe, valoroso" (AB גִּבַּר* al pl. costr. גִּבֹּרֵי in Dn 3,20) = uomo valoroso.

תקיף באוריתא : agg. תַּקִּיף "forte" (cfr. 1,1) + prep. בְּ + sost. f. אֹורָיְתָא "Torah, Legge" = forte nella Legge.

מן יחוס אלימלך : prep. מִן "da" + sost. m. יְחוּס "genealogia, stirpe, famiglia" = dalla stirpe di Elimelek.

ושמיה : cong. וְ (qui וּ) + sost. m. שֹׁום / שְׁמָא "nome" (cfr. 1,2), con suff. 3 m. s. שְׁמֵיהּ (AB שְׁמֵהּ) = e il suo nome/il cui nome (era).

בועז : nome pr. m. בֹּועַז (בֹּעַז nel TM) = Booz.

TARGUM: *(Ora) Noemi aveva un parente di suo marito, un uomo valoroso,* forte nella Legge, *della famiglia di Elimelek; il suo nome era Booz.*

TM: *(Ora) Noemi aveva un parente di suo marito, un uomo valoroso della famiglia di Elimelek; il suo nome era Booz.*

2,2

ואמרת רות : cong. וְ (qui וַ) + radice אמר "dire, parlare"; *P'al*; perf.; 3 f. s. וַאֲמֶרֶת o וַאֲמַרַת (cfr. 1,8) + nome pr. f. רוּת = e disse Rut.

מואביתא : agg. gent. f. s. מֹואֲבִיתָא (cfr. 1,22 e 4,5) = la moabita.

לות נעמי : prep. לְוָת "presso" (cfr. 1,15) + nome pr. f. נָעֳמִי = a Noemi.

איזיל כען : radice אזל "andare" (cfr. 1,1); *P'al*; imperf.; 1 s. אֵיזֵיל (TO a Gen 24,58) + avv. כְּעַן "ora" (AB כְּעַן) = andrò ora.

לחקלא : prep. לְ che esprime moto a luogo + sost. m. e f. חֲקַל / חַקְלָא "campo, campagna" (cfr. 1,1) = nel campo/campagna.

וְאֶכְנוֹשׁ : cong. וְ + radice כנשׁ "raccogliere, spigolare" (AB כְּנַשׁ*; inf. מִכְנַשׁ); *P'al*; imperf. 1 s. אֲכְנוֹשׁ = e raccoglierò.

בְּשׁוּבְּלִין : prep. בְּ (retta dal verbo) + sost. f. שְׁבַּלְתָּא o שׁוּבַּלְתָּא (Dalman, *ad vocem*) "spiga", al pl. שִׁבּוֹלִין (Jastrow) = le spighe.

בְתַר : prep. בָּאתַר / בָּתַר "dietro, dopo" (cfr. Dn 7,6.7) = dietro.

דִי אַשְׁכַּח רַחְמִין : pron. rel. דִי + radice שׁכח "trovare"; *Af'el* o *P'al* (con *Alef* prostetica); imperf.; 1 s. אַשְׁכַּח (TO a Gen 18,28) + sost. m. רַחְמָא usato al pl. nel senso di "misericordia" (cfr. 1,8). L'espressione אַשְׁכַּח רַחְמִין significa "trovare misericordia" (seguita da בְּ + עֵין con suff.) = troverò misericordia.

בְעֵינוֹי : prep. בְּ + sost. f. עֵין / עֵינָא "occhio", al pl. (AB עֵינִין), con suff. 3 m. s. עֵינוֹי (per עֵינוֹהִי; cfr. TO a Gen 13,10; Es 28,38) = ai suoi occhi (cioè: dietro a colui ai cui occhi troverò misericordia).

וַאֲמָרֶת לָהּ : cfr. 1,8 e sopra + prep. לְ con suff. 3 f. s. לָהּ = e disse a lei.

אִיזֵיל : radice אזל "andare" (cfr. 1,1); *P'al*; imperat.; 2 m. s. אִיזֵיל (TO a Gen 22,2; per il f. אִיזִילִי cfr. TO a Es 2,8; cfr. anche l'imperat. 2 m. s. אֲזֵל־ in Esd 5,15) = vai.

בְרַתִּי : sost. f. בְּרַת / בְּרַתָּא "figlia" (cfr. 1,4), con suff. 1 s. בְּרַתִּי (TO a Dt 22,16.17) = o figlia mia.

TARGUM: *Disse Rut la moabita a Noemi: "Andrò ora nel campo e raccoglierò le spighe dietro a colui agli occhi del quale troverò grazia". Disse a lei (Noemi): "Vai, o figlia mia".*

TM: *Disse Rut la moabita a Noemi: "Andrò nel campo e raccoglierò le spighe dietro a colui agli occhi del quale troverò grazia". Disse a lei (Noemi): "Vai, o figlia mia".*

2,3

וַאֲזָלַת : cong. וְ (qui וַ) + radice אזל "andare" (cfr. 1,1 e v. precedente); *P'al*; perf.; 3 f. s. אֲזָלַת (TO a Gen 21,14.16.19) = e andò (Rut).

וְעַלַת וּכְנַשַׁת : radice עלל "entrare"; *P'al*; perf.; 3 f. s. עַלַת (TO a Gen 18,21; AB עַלַת Q in Dn 5,10) + cong. וְ (qui וּ) + radice כנשׁ "raccogliere, spigolare" (cfr. v. precedente); *P'al*; perf.; 3 f. s. וּכְנַשַׁת = ed entrò (nel campo) e spigolò/raccolse.

בְתַר חֲצוֹדַיָּא : prep. בָּאתַר / בָּתַר "dietro, dopo" (cfr. 2,2) + sost. m. חֲצוֹדָא "mietitore" (Dalman *ad vocem*) al pl. חֲצוֹדַיָּא (Jastrow *ad vocem*) = dietro ai mietitori.

וְאוֹרַע אִירְעָהָא : radice אָרַע "accadere, incontrare, essere presente"; *Af'el*; perf.; 3 m. s. אוֹרַע (Jastrow *ad vocem*) + sost. m. אִירְעָא "caso, occasione", con suff. 3 f. s. אִירְעָהָא = e capitò il suo caso/occasione.

אַחְסַנַת חַקְלָא : sost. f. אַחְסָנָא / אַחְסַנְתָּא "porzione, parte, proprietà" in stato costr. אַחְסַנַת (TO a Gen 17,8) + sost. m. e f. חַקְלָא "campo, campagna" (cfr. 1,1) = nella porzione/proprietà del campo.

דִי הֲוָה לְבוֹעַז : pron. rel. דִי "che" + verbo הָוָא / הֲוָה "essere" (cfr. 1,1) + nome pr. m. preceduto da prep. לְבוֹעַז = che era di (= apparteneva a) Booz.

דְּמָן יַחוּס : pron. rel. דְּ "il quale" + prep. מִן "da" + sost. m. יַחוּס "genealogia, stirpe, famiglia" in stato costr. (cfr. 2,1) = il quale apparteneva alla famiglia di.

אֱלִימֶלֶךְ : nome pr. m. אֱלִימֶלֶךְ "Elimelek" (cfr. 2,1) = Elimelek.

TARGUM: *Andò ed entrò e spigolò dietro ai mietitori; e le capitò in sorte (lett.: accadde il suo caso) l'appezzamento (di terreno) del campo che era di Booz il quale (era) dalla famiglia di Elimelek.*

TM: *Andò ed entrò e spigolò nel campo dietro ai mietitori; e le capitò in sorte (lett.: accadde il suo caso) l'appezzamento (di terreno) del campo di Booz il quale (era) dalla famiglia di Elimelek.*

2,4

וְהָא בוֹעַז : cong. וְ + interiezione הָא "ecco" (AB הָא) + nome pr. m. בוֹעַז / בֹּעַז (cfr. 2,1) = ed ecco Booz.

אֲתָא : radice אתי "venire, entrare" (cfr. 1,2); *P'al*; perf.; 3 m. s. אֲתָא = venne/arrivò.

מִבֵּית לֶחֶם : prep. מִן + nome di villaggio בֵּית לֶחֶם = da Betlemme.

וַאֲמַר : cong. וְ (qui וַ) + radice אמר "dire, parlare" (cfr. 1,8); *P'al*; perf.; 3 m. s. אֲמַר (AB אֲמַר) = e disse.

לַחֲצוֹדַיָּא : prep. לְ (qui לַ) + sost. m. pl. חֲצוֹדַיָּא "mietitori" (cfr. 2,3) = ai mietitori.

יְהֵא מֵימְרָא דַיהוה בְּסַעְדְּכוֹן : verbo הָוָא / הֲוָה "essere" (cfr. 1,1); *P'al*; imperf.; 3 m. s. יְהֵא con valore iussivo "sia" + sost. m. מֵימְרָא "parola/Memra" + particella דְּ "di" + nome divino + sost. m. סַעְדָּא "aiuto, assistenza", con suff. 2 m. pl. סַעְדְּכוֹן (TO a Gen 48,21) = sia la parola/Memra di YHWH in vostro aiuto/assistenza.

ואמרו ליה : cong. וְ (qui וְ) + radice אמר (vedi sopra); *P'al*; perf.; 3 m. pl. אֲמַרוּ (אֲמַרוּ in Dn 4,23) + prep. לְ con suff. 3 m. s. לֵיהּ = e dissero a lui.

יברכינך יהוה : radice ברך "benedire"; *Pa'el*; imperf. con valore iussivo; 3 m. s. (יְבָרֵיךְ), con suff. 2 m. s. יְבָרְכִינָךְ (יְבָרְכִנָּךְ in TO a Dt 14,24) + nome divino = ti benedica YHWH.

TARGUM: *Ed ecco Booz venne da Betlemme e disse ai mietitori:* "Sia la parola/Memra di *YHWH* in vostro aiuto/assistenza"; *dissero a lui:* "Ti benedica *YHWH*".

TM: *Ed ecco Booz venne da Betlemme e disse ai mietitori:* "YHWH è con voi"; *dissero a lui:* "Ti benedica YHWH".

2,5

ואמר בועז : per וַיּאמֶר cfr. v. precedente + nome pr. m. בֹּועַז / בֹּעַז = e disse Booz.

לעולימיה : prep. לְ + sost. m. עוּלֵים (TO a Gen 41,12) / עוּלֵימָא "ragazzo, servo" (Dalman עֲלֵימָא), con suff. 3 m. s. עוּלֵימֵיה = al suo servo.

דמני רב : pron. rel. דְּ + radice מני (*P'al* "contare, numerare"); *Pa'el* "incaricare, preporre"; perf.; 3 m. s. מַנֵי (מַנֵי in Dn 2,24.49) + agg. e sost. רַב "capo" = che aveva preposto come capo.

על חצודיא : prep. עַל (retta dal verbo) + sost. m. חֲצֹודָא "mietitore" al pl. חֲצֹודַיָא (cfr. 2,3.4) = sui mietitori.

לאי דין אומה : prep. לְ "a" + agg. interr. m. composto אֵי דֵין (o אֵידֵין) "quale" (cfr. EB אֵי־זֶה e אֵי־מִזֶּה) + sost. f. אֻמְתָא / אֻומָה "nazione, popolo" (Dn 3,29 אֻמָה; cfr. 2,8) = a quale nazione (è/appartiene).

ריבא הדא: agg. e sost. f. רִיבְתָא / רִיבָא "ragazza, giovane" + pron. dimostr. f. s. הָדָא "questa" = questa ragazza? (cioè: a quale nazione appartiene questa ragazza?).

TARGUM: *Disse Booz al suo servo che* aveva *preposto* come capo *ai mietitori:* "*Di* quale nazione *(è) questa ragazza?*".

TM: *Disse Booz al suo servo che era preposto ai mietitori:* "Di chi (è) questa ragazza?".

2,6

ואתיב : cong. וְ (qui וַ) + radice תוב "ritornare"; *Af'el* "rispondere"; perf.; 3 m. s. אֲתִיב = e rispose.

עולימא : per עוּלֵימָא cfr. v. precedente = il servo.

דאתמנא רב : radice מני (cfr. v. precedente); *Ithpa*. "essere incaricato, preposto"; perf.; 3 m. s. אִתְמַנָּא (per אִתְמְנִי; cfr. Dalman § 72,4) + רַב "capo" (cfr. 2,5) = che era stato incaricato/preposto (come) capo.

על חצודיא : per עַל חֲצוֹדַיָּא cfr. v. precedente = sui mietitori.

ואמר : per וַאֲמַר cfr. vv. precedenti = e disse.

ריבא מן עמא דמואב היא : agg. e sost. f. רִיבָא "ragazza" (cfr. 2,5) + prep. מִן "da" + sost. m. עַמָּא "popolo" (AB עַם e עַמָּה/עַמָּא) + דְּ "di" + nome di nazione/popolo מוֹאָב "Moab" + pron. pers. 3 f. s. הִיא (cfr. 1,4 e 1,22) = una ragazza dal popolo di Moab (è) essa.

דתבת : pron. rel. דְּ "la quale" + radice תוב "ritornare"; *P'al*; perf.; 3 f. s. תָּבַת (TO a Gen 8,9) = che è tornata.

ואתגיירת : cong. וְ + radice גיר / גור; *Ithpa*. (cfr. 1,16); perf.; 3 f. s. אִתְגַּיָּרַת = e si è convertita (al giudaismo).

עם נעמי : prep. עִם "con" + nome pr. f. נָעֳמִי = con Noemi.

מחקלא דמואב : prep. מִן "da" + sost. m. e f. חַקְלָא "campo, campagna" (cfr. 1,1) + דְּ "di" + nome di regione = dalla campagna di Moab.

TARGUM: *Rispose il servo preposto* come capo *ai mietitori e disse: "È una ragazza* dal popolo di Moab, *che è ritornata* e si è convertita *con Noemi dalla campagna di Moab"*.

TM: *Rispose il servo preposto ai mietitori e disse: "È una ragazza moabita, che è ritornata con Noemi dalla campagna di Moab"*.

2,7

ואמרת : cong. וְ + radice אמר; *P'al*; perf.; 3 f. s. וַאֲמַרַת o וַאֲמֶרֶת (cfr. 1,8) = e (essa) ha detto/disse.

אצבור כען : cfr. 2,2 (radice צבר) "affastellare, mettere insieme" (EB לקט "spigolare"); *P'al*; imperf.; 1 s. אֶצְבּוֹר + avv. di tempo כְּעַן "ora" (AB כְּעַן) = raccoglierò (spigolerò)/possa io raccogliere (spigolare) ora.

ואכנוש שובלין : per la stessa espressione cfr. 2,2: וְאִכְנוֹשׁ שֻׁבְלִין (in 2,2 שִׁבּוֹלִין; in TO a Gen 41,5.6 שׁוּבְלִין (Kasovsky 497 e Jastrow 1529); la forma שִׁבְלִין compare in Dalman 413) = e raccoglierò/possa io raccogliere spighe.

באלומיא : prep. בְּ (qui בַ) + sost. m. pl. אֲלוּמַיָּא "fastelli (di spighe), co-voni" (Dalman 20; Jastrow 67; s. אֲלוּמָא) = nei/fra i covoni.

מה דמשתאר : pron. interr. + pron. relat. דְּ מָה "ciò che" + radice שׁאר "rimanere, restare"; *Itpe.*; part.; m. s. מִשְׁתְּאַר (TO a Es 16,21) = ciò che rimane.

בתר חצודיא : prep. בָּתַר / בָּאתַר "dietro, dopo" (cfr. 2,2) + sost. m. חֲצוֹדָא "mietitore" (cfr. 2,3) al pl. חֲצוֹדַיָּא = dietro ai mietitori.

ואתת וקמת : cong. וְ + verbo אֲתָא "venire"; *P'al*; perf.; 3 f. s. אֲתַת (וַאֲתָת in TO a Gen 8,11) + verbo קוּם "stare in piedi, alzarsi"; *P'al*; perf.; 3 f. s. קָמַת (in AB sarebbe קְמַת) = è venuta ed è stata ferma/in piedi.

ואתעכבת כען : radice עכב; *Itpa.*; "fare tardi, trattenersi"; perf.; 3 f. s. אִתְעַכְּבַת + avv. כְּעַן "ora" (vedi sopra) = e si è fermata/si è attardata ora.

מקדם צפרא : prep. מִן + prep. e avv. קֳדָם "prima, davanti" (מִקֳּדָם o מִקְדָם) + sost. m. צַפְרָא / צְפַר "alba, mattino" = dal primo mattino.

ועד כען : cong. וְ + prep. עַד "fino" (cfr. 1,13) + כְּעַן (vedi sopra) = e fino ad ora.

פון זעיר דין : particella פּוֹן che indica il modo congiuntivo "circa" (Dal-man: "etwa, wohl"; TO פּוֹן) + agg. e avv. זְעֵיר "piccolo, poco" + pron. dimostr. m. s. דֵּין "questo"; l'espressione ricorre in Dalman, 131 col sen-so "nur ein wenig" (solo un poco), lett.: "solo questo poco" = (è) solo un poco.

דיתבא : cong. דְּ + verbo יְתֵב "sedere, risiedere" (AB יְתַב); *P'al*; part.; f. s. יָתְבָא = che siede.

בביתא ציבחד : prep. בְּ + sost. m. בַּיְתָא "casa" (AB בֵּיתָא e בֵּיתָהּ) + avv. צִיבְחַד "un poco" (Tg a Gb 36,2) o ציבחר (2Cr 24,24) "un poco, un po-chino" = in casa un pochino.

TARGUM: *Essa disse: "Spigolerò ora e raccoglierò spighe fra i covoni, ciò che rimane dietro ai mietitori". È venuta, è stata in piedi e si è attardata/ fermata ora dal primo mattino fino ad ora; è solo un poco che sta seduta in casa un poco (cioè: solo ora sta seduta in casa un poco).*

TM: *Essa disse: "Spigolerò e raccoglierò fra i covoni dietro ai mietitori". È venuta ed è stata in piedi dal mattino fino ad ora; questo (è) il suo stare fer-ma/seduta in casa un poco (cioè: ora sta seduta in casa un poco).*

2,8

‫ואמר בועז לות רות‬ : = e disse Booz a Rut.

‫הלא קבלת מני‬ : avv. di negazione ‫לָא‬ preceduto da ‫ה‬ interrogativa ‫הֲלָא‬ "forse che non" (AB ‫הֲלָא‬ ad es. in Dn 3,24) + radice ‫קבל‬ "ricevere", ma anche "ascoltare, sentire"; *Pa'el*; perf.; 2 f. s. ‫קַבֵּלְתְּ‬ "hai sentito" + prep. ‫מִן‬ "da", con suff. 1 s. ‫מִנִּי‬ "da me" (‫מִנִּי‬ in Dn 2,5, ecc.) = forse che non hai sentito da me (un consiglio/una parola).

‫לא תהכין‬ : avv. di negazione ‫לָא‬ "non" + radice ‫הוך‬ "andare"; *P'al*; imperf. (AB, imperf. 3 s. m. ‫יְהָךְ‬); 2 f. s. ‫תְּהָכִין‬ (Tg a 1Re 14,2.3); la costruzione esprime l'imperat. negativo = non andare.

‫למצבר שובלין‬ : radice ‫צבר‬ "raccogliere, accumulare" (cfr. 2,2; 2,7); *P'al*; inf. ‫לְמִצְבַּר‬ (Tg a Ez 21,27) + cfr. v. precedente e 2,2 per il sost. f. pl. ‫שֻׁבְלִין‬ (Dalman 413) / ‫שֻׁבְלִין‬ / ‫שֻׁבְלִין‬ "spighe" (s. ‫שׁוּבַלְתָּא‬) = a raccogliere/ spigolare spighe.

‫בחקל אוחרן‬ : prep. ‫בְּ‬ (qui ‫בַּ‬) + sost. m. e f. ‫חַקְלָא‬ / ‫חֲקַל‬ "campo, campagna", allo stato ass. ‫חֲקַל‬ (stato enf. al v. seguente) + agg. m. ‫אָחֳרָן‬ / ‫אוֹחֳרָן‬ "altro" (AB ‫אָחֳרָן‬) = in un altro campo.

‫ואף לא תעברי‬ : cong. ‫וְאַף‬ (composta da ‫וְ‬ "e" e ‫אַף‬ "anche") + avv. di negazione ‫לָא‬ "e anche non" (cioè: "neanche, neppure") + radice ‫עבר‬ "passare"; *P'al*; imperf.; 2 f. s. ‫תִּעְבְּרִי‬ o ‫תֵּעַבְּרִי‬ (Dalman, § 61 9.a.) = e anche non (neanche) passare/passerai.

‫מיכא‬ : parola composta dalla prep. ‫מִן‬ "da" e dall'avv. ‫כָּא‬ "qui" (‫כָּה‬ in Dn 7,28) = da qui.

‫למיזל‬ : radice ‫אזל‬ (AB ‫אֲזַל‬); *P'al* "andare"; inf. ‫לְמֵיזַל‬ (ad es. in TO a Gen 11,31) = per andare.

‫לאומה אחריתא‬ : prep. ‫לְ‬ + sost. f. ‫אוּמָּה‬ "nazione, popolo" (Dn 3,29 ‫אֻמָּה‬; cfr. 2,5) + agg. f. ‫אַחֲרִיתָא‬ (Jastrow 41) o ‫אָחֳרִיתָא‬ (Dalman 14; forma incerta) "altra" (m. ‫אוֹחֳרָן‬; vedi sopra) = a un'altra nazione.

‫והכא‬ : cong. ‫וְ‬ con valore avversativo "ma, invece" + avv. di luogo ‫הָכָא‬ "qui" = ma qui.

‫תתוספין‬ : radice ‫יסף‬ "aggiungere"; *Ittaf.* "essere aggiunto, aggiungersi"; imperf.; 2 f. s. ‫תִּתּוֹסְפִין‬ (cfr. Rut 2,11) = ti aggiungerai/aggiungiti.

‫עם עולימתי‬ : prep. ‫עִם‬ "con" + sost. f. ‫עוּלֵימָתָא‬ (Dalman ‫עֲלֵימְתָּא‬) "ragazza, serva" (pl. ‫עוּלֵימָתָא‬), con suff. 1 s. ‫עוּלֵימָתַי‬ (forma incerta) = con le mie serve.

TARGUM: *Disse Booz a Rut: "Forse che non hai sentito* da me (il consiglio): *Non andare* a raccogliere spighe *in un altro campo e non passare da qui* per andare a un'altra nazione; ma qui ti aggiungerai *alle mie serve"*.

TM: *Disse Booz a Rut: "Forse che non hai sentito, figlia mia? Non andare in un altro campo e non passare da qui; e così starai vicina alle mie serve"*.

2,9

תְהָא מִסתַכּלָא : radice הוי "essere" (verbo הֲוָא); *P'al*; imperf.; 2 m. (e f.) s. תְהָא "sarai/sii" (cfr. Rut 3,4 e vedi sotto la forma תְהֵי) + radice סכל; *Itpa'al* "guardare, vedere, considerare"; part.; f. s. מִסתַכּלָא (Tg a Ger 2,36). Il composto הֲוָא + part. può esprimere potenzialità/dubbio/deside-rio = e dovresti/potresti vedere/guardare.

בחקלא : prep. בְּ "in" (retta dal verbo) + sost. m. e f. חַקלָא "campo, campagna" (cfr. v. precedente) = nel campo.

דיחצדון : pron. rel. דְ + radice חצד "raccogliere, mietere"; *P'al*; im-perf.; 3 m. pl. יַחצְדוּן (2 m. pl. תַּחצְדוּן in TO a Lv 25,11) = che mieteranno.

ותהכין : cong. וְ (qui וּ) + radice הוך "andare"; *P'al*; imperf.; 2 f. s. תְהָכִין (cfr. v. precedente) = e dovresti/potresti andare.

בתריהון : prep. בָּאתַר / בָּתַר "dietro, dopo" (cfr. 1,15 e 2,3), con suff. 3 m. pl. בַּתרֵיהוֹן (riferito ai servi) = dietro ad essi.

הלא : per הֲלָא "forse che non" cfr. 2,8 = forse che non.

פקידית : radice פקד "ordinare, comandare"; *Pa'el*; perf.; 1 s. פַּקֵּידִית (TO a Es 29,35) = ho comandato.

ית עולימיא : segno dell'acc. יָת + sost. m. עוּלֵים (TO a Gen 41,12) / עוּלֵימָא "ragazzo, servo" (cfr. 2,5) al pl. עוּלֵימַיָא (Dalman 314: la forma può in-dicare sia "servi", pl. di עֲלֵימָא che "serve", pl. di עֲלֵימְתָא) = ai servi/alle serve.

דלא יקרבון ביך : cong. דְ con valore dichiarativo "che" (o finale "af-finché") + avv. di negazione לָא "no, non" + radice קרב (verbo קְרֵב; Dn 3,26) "avvicinarsi"; *P'al*; imperf.; 3 m. pl. יִקרְבוּן (TO a Gen 27,41) + prep. בְּ (retta dal verbo), con suff. 2 f. s. בִיך = che non si accostino a te.

ובעידן די את צחית למויי : cong. וְ + prep. בְּ (qui וּבְ-) + sost. m. עִידָן "tem-po" (עִדָן in Dn 7,12.25) + pron. rel. דִי + pron. pers. 2 m. e f. s. אַתְ + radice צחי "avere sete"; *P'al*; perf.; 2 f. s. צְחֵית (o צְחִית) + prep. לְ seguita dal sost. m. *plurale tantum* מוֹיֵי (o מוֹי; Dalman 227) "acqua" (cfr. ad es. מוֹי in TJ a Gen 9,11) = e nel tempo che tu (sarai) assetata/(lett.: avrai sete di acqua).

איזילי למניא : radice אזל "andare" (verbo אֲזַל; cfr. 2,2); *P'al*; imperat.; 2 f. s. אִיזִילִי (TO a Es 2,8; cfr. 2,2) + prep. לְ + sost. m. מָנָא "vaso, recipiente", al pl. מָנַיָּא (AB מָאנַיָּא ad es. in Esd 5,14) = vai ai vasi.

ותחי שתיא מויי : cong. וְ (qui וּ) + radice הוי (verbo הֲוָא "essere, stare"); *P'al*; imperf.; 2 f. s. וּתְחֵי (cfr. תְּהֵא all'inizio del v.) + radice שתי "bere"; *P'al*; part.; f. s. שָׁתְיָא (TO a Dt 11,11) + sost. m. *plurale tantum* מוֹי / מוֹיֵי "acqua" (vedi sopra) = e berrai (lett.: "sarai bevente") acqua.

די מליין : pron. rel. דִּי + radice מלא "riempire, completare" (qui "attingere"); *P'al*; part. att.; m. pl. מָלֵין = che attingeranno.

עולימיא : sost. m. עוּלֵימָא "ragazzo, servo" o f. עוּלֵימְתָא "ragazza, serva" (cfr. sopra) al pl. עוּלֵימַיָּא = i servi/le serve.

TARGUM: "Guarderai il *campo che mieteranno e andrai dietro ad* essi. *Forse che non ho comandato ai servi di non* accostarsi a te? Nel tempo che *avrai sete* di acqua *andrai ai* vasi *e berrai* l'acqua *che attingeranno i servi*".

TM: *"I tuoi occhi (saranno/siano) sul campo che mieteranno e andrai dietro ad esse. Forse che non ho comandato ai servi di non molestarti? Se/Quando avrai sete andrai ai recipienti e berrai da ciò che attingeranno i servi"*.

2,10

ונפלת : cong. וְ (qui וּ) + radice נפל "cadere" (AB נְפַל); *P'al*; perf.; 3 f. s. נְפַלַת = e cadde.

על אפהא : prep. עַל "su, sopra" + sost. m. אַפָּא "volto" (AB אֲנַף*), con suff. 3 f. s. אַפַּהָא "il volto di lei" (TO a Gen 38,15; in TO a Gen 24,47 אַפַּהּ) = sul suo/proprio volto (cioè: si prostrò).

וסגידת : cong. וְ (qui וּ) + radice סגד "prostrarsi, adorare" (AB סְגִד in Dn 2,46); *P'al*; perf.; 3 f. s. סְגִידַת = e si prostrò.

על ארעא : prep. עַל "su, sopra" + sost. f. אַרְעָא / אֲרַע "terra, regione" (cfr. 1,1) = a terra.

ואמרת ליה : per וַאֲמַרַת o וַאֲמֶרֶת cfr. 2,2 + לֵיהּ "a lui" = e disse a lui.

מא דין אשכחית רחמין בעינך : espressione composta מָא דֵין (anche מָדֵין; Dalman 221) di valore causale o interr. "perché dunque?, che cosa dunque?" + verbo אשכח "trovare" (radice שכח *P'al* con *Alef* prostetica, oppure *Af'el*; cfr. 2,2); *Af'el*; perf. (אַשְׁכַּח); 1 s. אַשְׁכָּחִית (AB אַשְׁכַּחַת in Dn 2,25) + sost. m. רַחֲמָא usato al pl. nel senso di "misericordia" רַחֲמִין (Dn 2,18) + prep. בְּ + sost. f. עַיִן / עֵינָא (o עֵינָא) "occhio", al duale o pl. (AB עַיְנִין), con suff. 2 m. s. בְּעֵינָךְ (TO a Gen 20,15; la stessa espressione ricorre in Rut 2,2) = perché ho trovato misericordia ai tuoi occhi.

לאשתמודעותני : prep. לְ + inf. *Ištafʿal* da ידע "conoscere, essere cono-sciuto" (אִשְׁתְּמוֹדַע), con suff. 1 s. אִשְׁתְּמוֹדְעוּתַנִי = (così) da conoscere me/ prendere in considerazione me (oppure: da essere conosciuta/da essere presa in considerazione).

ואנא מעמא נוכראה : cong. וְ (qui וַ) + pron. pers. 1 s. אֲנָא + sost. m. עַמָּא "popolo" preceduto dalla prep. מִן "da": מֵעַמָּא (TO a Lv 4,27) + agg. m. נוּכְרָאָה / נוּכְרִי "straniero" (Dalman 270: נְכְרִי / נוּכְרִי נוּכְרָאָה) = mentre io (sono) da un popolo straniero.

מבנתהון דמואב : prep. מִן (qui מ seguita da dageš forte) + sost. f. בְּרַת / בְּרַתָּא "figlia" (cfr. 2,2), al pl. בְּנָתָא (TO a Gen 6,1), con suff. 3 m. pl. בְּנָתְהוֹן "le figlie loro" (TO a Gen 34,21) + דְ "di" + nome proprio מוֹאָב "Moab" = dalle figlie loro di Moab.

ומעמא דלא אידכי : וְ + מִן + עַמָּא "popolo" (vedi sopra): וּמֵעַמָּא "e da un popolo" + דְלָא "che non" + radice דכי "essere puro, essere degno" (verbo דְכָא); *Itpa*. "essere purificato"; perf.; 3 m. s. אִידְכִי (per אִיתְדְּכִי) "è stato purificato" = e da un popolo che non è stato purificato.

למיעל : prep. לְ + radice עלל "entrare"; *Pʿal*; inf. מֵיעַל (TO a Es 22,25; Dalman §71.7., p. 331) = per entrare.

בכנישתא דיהוה : prep. בְּ (qui בִּ) + sost. f. כְּנִישְׁתָּא (Dalman כְּנִשְׁתָּא) "assem-blea, congregazione" + דְ (qui דַ) con valore genitivale "di" + nome di Dio = nell'assemblea di YHWH.

TARGUM: *Cadde sul proprio volto e si prostrò a terra; e disse a lui: "Per-ché ho trovato grazia ai tuoi occhi (così) da* conoscermi, *mentre io (sono) da un popolo straniero, dalle figlie di Moab e da un popolo che non è stato purifi-cato per entrare nell'assemblea di YHWH?".*

TM: *Cadde sul proprio volto e si prostrò a terra; e disse a lui: "Perché ho trovato grazia ai tuoi occhi (così) da guardarmi con benevolenza, mentre io (sono) straniera?".*

2,11

ואתיב בועז : cong. וְ (qui וַ) + radice תוב "ritornare"; *Afʿel* "restituire, rispondere"; perf.; 3 m. s. וַאֲתִיב (TO a Gen 18,27; AB הֲתִיב in Dn 2,14) + nome pr. m. = rispose Booz.

ואמר לה : וַאֲמַר לַהּ = e disse a lei.

אתחואה : radice חוי "dire, riferire" (di solito al *Paʿel* חַוִּי); *Itpaʿal* "essere detto, riferito"; inf. אִתְחֲוָאָה (come il costrutto ebraico הַגֵּד הֻגַּד, di cui è il calco, rafforza la forma verbale seguente dalla stessa radice).

אִתְחֲוָא לִי : radice חוי "dire, riferire"; *Itpa'al*; perf.; 3 m. s. אִתְחֲוָא (variante אִתְחֲוִי) "è stato riferito" + prep. לְ con suff. 1 s. לִי = è stato riferito a me in dettaglio.

עַל מֵימַר חֲכִימַיָּא : prep. עַל + sost. m. מֵימַר / מֵימְרָא "parola, Memra" (cfr. 1,4) in stato costr. מֵימַר (TO a Gen 3,17) + agg. e sost. חַכִּים "saggio" al pl. m. חַכִּימִין (Dn 2,27) / enf. חַכִּימַיָּא (Dn 5,15) = sulla parola (= sull'autorità) dei saggi.

דְּכַד גְּזַר יְהוָה : דְּכַד "che quando" (דְּ dichiarativo "che" + כַד "quando") + radice גזר "tagliare, decretare" (cfr. 1,1; AB גְּזַר*); *P'al*; perf.; 3 m. s. גְּזַר + nome divino = che quando decise/stabilì YHWH.

לָא גְזַר : avv. di negazione לָא "non" + radice גזר "tagliare, decidere" (גְּזַר come sopra) = non decise/stabilì.

עַל נוקְבַיָּא : prep. עַל "sopra, circa, riguardo a" + sost. f. נוקְבָּא / נוקְבְתָא "donna, femmina" (TO a Gen 1,27 e Lv 27,4; Dalman 276: נֻקְבְּתָא), al pl. enf. נוקְבַיָּא = circa/sulle donne.

אֱלָהֵין עַל גּוּבְרַיָּא : cong. אֱלָהֵין (Dalman; oppure אֱלָהֵן) di valore avversativo "ma, bensì" (cfr. 1,1) + sost. m. גְּבַר (Dn 5,11) / גַּבְרָא "uomo, maschio, marito", al pl. enf. גּוּבְרַיָּא (Esd 5,4) = ma circa/sugli uomini.

וְאִתְאֲמַר עֲלִי בִּנְבוּאָה : radice אמר "dire" (AB אֲמַר); *Itp'el*; perf.; 3 m. s. אִתְאֲמַר "è stato detto" (TO a Gen 27,13) + prep. עַל (retta dal verbo), con suff. 1 s. עֲלִי + prep. בְּ (qui בִּ) seguita dal sost. f. נְבוּאָה "profezia" (costrutto בִּנְבוּאַת in Esd 6,14) = e mi è stato detto in profezia.

דַּעַתִידִין לְמִיפַק מִינַך : דְּ (qui דַּ) con valore dichiarativo + agg. m. עֲתִיד "preparato, pronto" (seguito da inf. significa "stare per, essere sul punto di"; cfr. 1,1) al pl. m. עַתִידִין (TO a Nm 23,9) + prep. לְ + radice נפק "uscire" (AB נְפַק); *P'al*; inf. לְמִיפַּק (Tg a Is 24,16) + prep. מִן "da", con suff. 2 m. (e f.) s. מִינָך (variante f. מִינֵיך / מִינַיִך) = che stanno per uscire (oppure: usciranno) da te.

מַלְכִין וּנְבִיאִין : sost. m. מַלְכָּא "re" (cfr. Esd 5,13) al pl. m. מַלְכִין (Dn 2,21) + sost. m. נְבִיא / נְבִיָּא "profeta" (Esd 5,1: K נְבִיָּאה; Q נְבִיָּא) al pl. m. נְבִיאִין (TO a Nm 11,29; נְבִיִּין; AB enf. נְבִיאַיָּא) = re e profeti.

בְּגִין טִיבוּתָא : particella בְּגִין (o בְּגִין composta da בְּ e גִין / גִּין) con valore causale "per, a causa di" + sost. f. טֵיבוּ / טֵיבוּתָא "bontà, grazia, misericordia" (cfr. 1,8.9) = a causa di/per la bontà/misericordia.

דַעֲבַדת : pron. rel. דְּ (qui דַּ) "che" + radice עבד (verbo עֲבַד) "fare, lavorare"; *P'al*; perf.; 2 f. s. עֲבַדְתְּ (Tg a Ez 16,48; cfr. Dn 4,32: עֲבַדְתְּ 2 m. s.) = che hai fatto.

עם חמותיך : prep. עִם "con" + sost. f. חֲמוֹתָא "suocera" (cfr. 1,14; il termine è peculiare del libro di Rut), con suff. 2 f. s. חֲמוֹתִיךְ = con la/alla tua suocera.

דפרנסת יתה : pron. rel. דְּ "la quale" + radice quadrilittere פרנס "rifornire, provvedere"; *Pa'el*; perf.; 2 f. s. פַּרְנֵסְתְּ (o פַּרְנֵסְתְּ?) + segno dell'acc. יָת (con suff. 3 m. pl. יָתְהוֹן in Dn 3,12), con suff. 3 f. s. יָתַהּ "lei" (TO a Gen 6,14) = che l'hai rifornita/nutrita.

בתר דמית : cong. composta בָּתַר דְּ "dopo che" + radice מות "morire" (verbo מִית; cfr. 1,3); *P'al*; perf.; 3 m. s. מִית = dopo che morì.

בעליך : sost. m. בַּעֲלָא / בְּעֵל "marito, signore" (cfr. 1,3), con suff. 2 f. s. בַּעֲלִיךְ (TO a Gen 3,16) = tuo marito.

ושבקת : cong. וּ (qui וּ) "che, come" + radice שבק "lasciare, abbandonare"; *P'al*; perf.; 2 f. s. שְׁבַקְתְּ (Tg a Ger 2,19) = che/come hai lasciato.

דחלתיך ועמיך : sost. f. דַּחְלְתָא "culto, oggetto di culto, idolo" (cfr. 1,10.15), al pl. דַּחְלָתָא (Tg a 1Re 20,10), con suff. 2 f. s. דַּחְלָתִיךְ (1,15) + cong. וּ + sost. m. עַמָּא "popolo" (cfr. 1,5), con suff. 2 f. s. עַמִּיךְ (TO a Nm 5,21) = i tuoi idoli/dei e il tuo popolo.

אביך ואמיך : sost. m. אַב / אַבָּא "padre", con suff. 2 f. s. אֲבִיךְ "tuo padre" + sost. f. אֵם (Tg a Ez 44,25) / אִמָּא (TO a Gen 32,11) "madre", con suff. 2 f. s. אִמִּיךְ = tuo padre e tua madre.

וארעא דילדותיך : cong. וּ + sost. f. אֲרַע / אַרְעָא "terra" (cfr. 1,1; 2,10) + דְּ "di" + sost. f. יַלְדוּתָא "nascita, infanzia", con suff. 2 f. s. יַלְדוּתִיךְ = e la terra della tua nascita/infanzia (cioè: la tua patria).

ואזלת : cong. וּ (qui וַ) + radice אזל "venire, arrivare" (verbo אֲזַל in Dn 2,17); *P'al*; perf.; 2 f. s. אֲזַלְתְּ = e sei venuta.

לאתגיירא ולמיתב : radice גיר / גור; *Ithpa.* (אִתְגַּיַּר) "convertirsi (al giudaismo)"; inf. preceduto da לְ (לְאִתְגַּיָּרָא; cfr. 1,10) + radice יתב "sedere, risiedere" (verbo יְתֵב in Dn 7,9.10; יְתֵיב in TO); *P'al*; inf. preceduto da לְ e dalla cong. וּ (qui וּ) מֵיתַב (TO a Gen 13,6) = a convertirti e a risiedere.

בין עם : prep. בֵּין "fra, in mezzo" + sost. m. עַם / עַמָּא "popolo" (vedi sopra) = fra un popolo.

די לא אישתמודע ליך : pron rel. דִּי + avv. di negazione לָא "non" + radice ידע "conoscere"; *Ištaf'al* "conoscere, essere conosciuto"; perf.; 3 m. s. אִישְׁתְּמוֹדַע "era conosciuto" (Dalman 45; cfr. v. precedente) + prep. לְ, con suff. 2 f. s. לִיךְ "a te" oppure "da te" = che non conoscevi (non era conosciuto da te).

אִיתְמְלִי "ieri" : מֵאִיתְמְלִי וּמִקְדְמוֹהִי prep. מִן "da" (qui מֵ) + avv. di tempo
(Dalman אִתְמָל / אִתְמְלִי) + cong. וְ (qui וּ) e prep. מִן (וּמִ-) "e da" + prep. di
tempo קְדָם "davanti, prima", con suff. 3 m. s. קְדָמוֹהִי (וּמִקְדְמוֹהִי) [o -וּמִקְ];
cfr. Dn 7,13) "avantieri" (lett.: il suo davanti/precedente); insieme significano "prima" = (da) prima.

TARGUM: *Rispose Booz e disse a lei: "È stato* mostrato *a me in dettaglio
sulla/circa la parola dei saggi che, quando decretò YHWH, non decretò riguardo alle donne, ma riguardo agli uomini; mi è stato detto in profezia che stanno
per uscire da te re e profeti per la bontà/misericordia che hai fatto/usato con la
tua suocera che hai nutrita dopo che morì tuo marito; hai lasciato i tuoi idoli e
il tuo popolo, tua padre e tua madre e la terra della tua nascita e sei andata a
convertirti e a risiedere fra un popolo che non conoscevi prima".*

TM: *Rispose Booz e disse a lei: "È stato riferito a me in dettaglio tutto ciò
che hai fatto con la tua suocera dopo la morte di tuo marito; hai lasciato tuo
padre e tua madre e la terra della tua parentela e sei andata a un popolo che
non conoscevi prima".*

2,12

יגמול יהוה ליך : radice גמל "ricompensare"; *P'al*; imperf. con valore
iussivo; 3 m. s. יְגְמוֹל + nome divino + prep. לְ, con suff. 2 f. s. לִיך (cfr. v.
precedente) = ti ricompensi YHWH.

גמול טב : sost. m. גְמוּל "ricompensa" + agg. m. s. טָב "buono" = (con)
una ricompensa buona.

בעלמא הדין : prep. בְּ "in" + sost. m. עָלְמָא / עָלַם "mondo" (cfr. 1,1) +
pron. dimostr. m. s. הָדֵין "questo" (in 2,7 דֵּין) = in questo mondo.

על עובדך טב : prep. עַל "per, riguardo a" + sost. m. עוֹבָד (o עוֹבָד) /
עוֹבָדָא "opera, operato" (Dalman עוֹבָד), con suff. 2 f. s. עוֹבָדֵך (oppure il
m. עוֹבָדֵך come in TO a Es 23,16) + agg. טָב "buono" = per la tua opera
buona.

ויהי אגריך שלימא : per וִיהֵי "e sia" vedi 2,9 + sost. m. אַגְרָא / אֲגַר "salario,
ricompensa", con suff. 2 f. s. אַגְרֵיך (TO a Es 2,9) + agg. m. s. enf. שְׁלִימָא
(part. pass.) "completo, completato" = e sia la tua ricompensa completa.

לעלמא דאתי : prep. לְ "a, per" + sost. m. עָלְמָא / עָלַם (vedi sopra) + radice
אתי "venire, arrivare" (AB אֱתָה e אֲתָא); *P'al*; part.; m. s. אָתֵי (TO; אָתֵה in

Dn 7,13) = nel/per il mondo che viene.

מן קדם יהוה : prep. composta מִן קֳדָם "(da) davanti" (ad es. Dn 2,15) + nome di Dio = (da) davanti a YHWH.

אלהא דישראל : sost. m. אֱלָהָא "Dio" (Dn 2,20) = Dio di Israele.

דאתת : pron. rel. דְּ "che" (qui דְּ) + radice אתי "venire, arrivare" (verbo אֲתָא; vedi sopra e cfr. 2,11); *P'al*; perf.; 2 f. (e m.) s. דַּאֲתַת (o דַּאֲתָת) = che sei venuta.

לאתניירא ולאתחבאה : לְ + inf. *Itpa'al* da גור / גיר (cfr. לְאִתְגַּיָּרָא in 1,10) + radice חבי; *Itpa'al*; "cercare rifugio, ripararsi"; inf. לְאִתְחַבָּאָה = a convertirti e a cercare rifugio.

תחות טלל שכינת יקריה : prep. תְּחוֹת "sotto" (Ger 10,11) + sost. m. s. costr. di טְלַל (o מְלַל / מְלָלָא) "ombra" (Dalman 170; AB verbo טלל) + sost. f. s. שְׁכִינְתָּא "abitazione, presenza divina", in stato costr. שְׁכִינַת (TO a Nm 14,14) + sost. m. יְקָרָא "gloria, onore", con suff. 3 m. s. יְקָרֵיהּ (TO a Es 24,10) = sotto l'ombra della Šekhina della sua gloria (cioè: sotto l'ombra della sua Šekhina gloriosa).

ובההוא זכותא : cong. וְ (qui וּ) + prep. בְּ + pron. dimostr. m. (e f.; cioè usato per il f.) הַהוּא (o הָהוּא; Dalman 110) "quello, quale" + sost. f. זְכוּ (Dn 6,23; TO a Gen 15,6) / זְכוּתָא "innocenza, merito" = e per questo merito.

תשיזיבי : radice שיזב "salvare" (AB שֵׁיזֵב e שֵׁיזֵב; שֵׁיזֵב in TO a Es 12,27); *Šaf'el* (motivato dall'accadico *ušēzib*; *Šaf'el* da *'zb*); imperf.; 2 f. s. תְּשֵׁיזִיבִי (o תְּשֵׁיזִיב; תְּשֵׁיזִיב in Tg a Mi 6,14; 2 m. s.). Dato il senso passivo, ci aspetteremmo la forma *Ištaf'al* תִּשְׁתֵּיזִיב (cfr. תִּשְׁתֵּיזְבִין in Tg a Mi 4,10) = sarai salvata.

מן דין גהינם : prep. מִן + sost. m. דִּינָא / דִּין "giudizio" (AB דִּינָא e דִּינָה), in stato costr. דִּין + nome di luogo גֵּהִינָּם "Geenna" (EB גֵּי הִנֹּם in Gs 15,8) = dal giudizio della Geenna.

למיהוי חולקך : radice הוי "essere"; *P'al*; inf. לְמִיהֲוֵי (o לְמֵיהֱוֵי; cfr. 1,1) + sost. m. חוּלְקָא / חֻלְקָא (Dalman 150) "parte, porzione" (cfr. 2,13), con suff. 2 m. (e f.) s. חוּלְקָךְ (TO a Lv 10,13; con suff. 2 f. s. חוּלְקִיךְ in Tg a Is 57,6) = per essere la tua parte.

עם שרה ורבקה : prep. עִם "con" + nome pr. שָׂרָה "Sara" + cong. וְ + nome pr. רִבְקָה "Rebecca" = con Sara e Rebecca.

ורחל ולאה : nome pr. רָחֵל "Rachele" + nome pr. לֵאָה "Lia" = e Rachele e Lia.

TARGUM: "Ti *ricompensi YHWH* con una buona ricompensa in questo mondo per la tua opera buona *e sia* il tuo salario *pieno* per il mondo a venire (lett.: che viene) davanti a *YHWH Dio di Israele sotto* l'ombra della Šekhina della cui gloria *sei venuta* a convertirti e *a cercare rifugio*. Per questo merito sarai salvata dal giudizio della Geenna perché sia la tua parte con Sara, Rebecca, Rachele e Lia".

TM: *"Ricompensi YHWH il tuo operato e sia la tua ricompensa piena da parte di YHWH Dio di Israele sotto le cui ali sei venuta a cercare rifugio"*.

2,13

ואמרת : per וַאֲמַרַת o וַאֲמֶרֶת cfr. 2,10 e 2,2 = e (essa) disse.

אשכח רחמין בעינך : per אֶשְׁכַּח (qui imperf. *Af'el* 1 s.; TO a Gen 18,26) + בְּעֵינָךְ + רַחֲמִין cfr. 2,10 dove ricorre la medesima espressione = troverò misericordia ai tuoi occhi.

ריבוני : sost. m. רִיבּוֹן / רִיבּוֹנָא (רִבּוֹנָא / רִבּוֹן Dalman 396), con suff. 1 s. רִיבּוֹנִי (TO a Gen 23,15) = o mio signore.

ארום נחמתני : cong. אֲרוּם "perché" + radice נחם "consolare"; *Pa'el*; perf. נַחֵים (TO a Gen 50,21); 2 m. s., con suff. 1 s. נַחֲמְתַּנִי = perché tu mi hai consolato.

ואכשרתני : cong. וְ + radice כשר "essere puro, valido, degno"; *Af'el* "rendere puro, valido, degno"; perf.; 2 m. s., con suff. 1 s. אַכְשַׁרְתַּנִי (var. inf. לְאַכְשָׁרוּתַנִי) = e mi hai resa pura/degna.

למדכי : radice דכי "essere puro, essere degno"; *P'al*; inf. לְמִדְכֵּי = per essere pura/purificata.

בקהלא דיהוה : prep. בְּ (qui בִּ) + sost. m. קְהָלָא "comunità" (TO a Es 12,6) + דְּ "di" (qui דַּ) + nome di Dio = nella comunità di YHWH.

וארום מלילתא תנחומין : cong. וְ (qui וַ) + אֲרוּם (vedi sopra) "ed ecco", oppure "e perché" + radice מלל "parlare, dire"; *Pa'el*; perf. (מַלֵּל in Dn 6,22); 2 m. s. מַלֵּילְתָּא (TO a Gen 18,5) + sost. m. usato al pl. (*plurale tantum*) תַּנְחוּמִין "consolazione, conforto" (TO a Gen 50,21) = ed ecco/e perché hai parlato (parole di) consolazione.

על לב : prep. עַל (retta dal verbo precedente) + sost. m. לֵב (Tg a 1Sam 25,31) / לִבָּא "cuore" (cfr. TO a Es 7,3; cfr. 1,22) in stato costr. לֵב (o לֶב; cfr. Dalman 212; con suff. 1 s. לִבִּי in Dn 7,28) = al cuore.

אמתך : sost. f. אַמְהָא / אַמְתָא "serva, ancella" (Dalman 24), con suff. 2 m. s. אַמְתָךְ (TO a Gen 21,12) = della tua serva (cioè: tu hai consolato/confortato la tua serva).

דאבטחתני : cong. דְּ con valore dichiarativo "che, per il fatto che" +

radice בטח "essere sicuro, confidare"; *Af'el* "rendere sicuro, assicurare"; perf.; 2 m. s., con suff. 1 s. אַבְטַחְתַּנִי (Dalman 52) = che mi hai assicurato.

למיחסן : prep. לְ + radice חסן "prendere possesso, possedere, ereditare"; *P'al*; inf. מֵיחְסַן = di possedere.

עלמא דאתי : sost. m. עָלְמָא "mondo" (cfr. 2,12) + דְ rel. + radice אתי "venire, arrivare"; *P'al*; part.; m. s. אָתֵי (cfr. 2,12) = il mondo che viene.

הי כצדקותא : interiezione הֵי "ecco!" + particella comparativa כְּ "come" (cfr. הֵא־כְדִי in Dn 2,43) + sost. f. צִדְקוּ / צִדְקוּתָא "giustizia" (Dalman 359) = secondo giustizia.

ואנא : cong. וְ (qui וַ) + pron. pers. 1 s. אֲנָא = e io (oppure: dato che io).

לית לי זכו : particella negativa לֵית o לָא (לָא + אִית; AB לָא־אִיתַי; Dalman 217) seguita dalla prep. con suff. 1 s. לְ "io non ho" (lett.: "non è a me") + sost. f. זְכוּ / זָכוּתָא "innocenza, merito" (cfr. v. precedente), allo stato ass. זְכוּ = non ho merito.

למיהוי לי חולקא : radice הוי "essere"; *P'al*; inf. לְמֵיהְוֵי (cfr. 2,12) + prep. לְ con suff. 1 s. לִי + sost. m. חוּלְקָא "parte, porzione" (cfr. 2,12) = di essere per me parte.

לעלמא דאתי : prep. לְ + sost. m. עָלְמָא "mondo" (vedi sopra) + דְ rel. + אָתֵי (vedi sopra) = del mondo che viene.

אפילו עם : cong. אֲפִילוּ "anche se, perfino" + prep. עִם "con" = anche/perfino con.

חדא : agg. num. f. חֲדָא "una" = una.

מן אמהתך : prep. מִן legata alla parola precedente "una di" + sost. f. אַמְתָא / אַמְהָא "serva, ancella" (vedi sopra), al pl. אַמְהָתָא (Tg a 2Sam 6,22), con suff. 2 m. s. אַמְהָתָך = delle tue serve

TARGUM: *Essa disse: "Troverò misericordia ai tuoi occhi, o mio signore, poiché tu mi hai consolato* e mi hai resa degna/pura per essere pura/degna nella comunità di YHWH, *e poiché tu hai parlato* (parole di) consolazione *al cuore della tua serva*, assicurandomi di possedere il mondo a venire/futuro (lett.: che viene) secondo giustizia"; *ma io (oppure: dato che io) non* ho merito di avere parte del mondo a venire/futuro, neppure con *una delle tue serve*.

TM: *Essa disse: "Possa io trovare grazia ai tuoi occhi, o mio signore, poiché tu mi hai consolato e poiché tu hai parlato al cuore della tua serva"; ma io (oppure: dato che io) non sarò come una delle tue serve.*

2,14

וְאָמַר לה בועז : cong. וְ (qui וַ) + perf. *P'al* di אֲמַר 3 m. s. + prep. לְ con suff. 3 f. s. לַהּ + nome pr. = e disse a lei Booz.

לעידן סעודתא : prep. לְ + sost. m. עִידָּן / עִדָּנָא "tempo, tempo stabilito" (עִדָּן in Dn 7,12.25 + cfr. 2,9) in stato costr. + sost. f. סְעוֹדְתָא (Tg a 2Sam 11,8; Dalman 296 סְעֻדְתָא) "cibo, pasto" = al tempo del cibo.

קריבי הלכא : radice קרב "avvicinarsi" (AB קְרֵב + cfr. 2,9); *P'al*; imperat.; 2 f. s. קְרִיבִי + avv. di luogo הָלְכָא "qui" (TO a Gen 15,16) = avvicinati qui.

ותיכולי : cong. וְ + radice אכל "mangiare"; *P'al*; imperf.; 2 f. s. תֵּיכוּלִי o תֵּיכוֹל (var. תֵּיכְלִין; תֵּיכְלִין in Tg a Gdc 13,4.7; AB imperat. 2 f. s. אֲכֻלִי) = e mangia.

מן לחמא : prep. מִן "da" con valore partitivo + sost. m. לְחֶם / לַחְמָא "pane, cibo" (AB לְחֶם "convivio") = dal cibo.

וטמישי סעדיך : cong. וְ + radice טמש "immergere, intingere"; *Pa'el*; imperat.; 2 f. s. טַמֵּישִׁי (Dalman 172) + sost. m. סְעַד / סַעֲדָא "cibo" (Jastrow 1009; cfr. 2,4: "aiuto, assistenza"), con suff. 2 f. s. סַעֲדִיךְ (Dalman 296) = e intingi il tuo cibo.

בתבשילא : prep. בְּ "in" + sost. m. תַּבְשִׁילָא "salsa, condimento, brodo" = nel condimento.

דאתבשל בחלא : pron. rel. דְּ "che" + radice בשל "cucinare, cuocere"; *Itpa'al* "essere cucinato, condito"; perf.; 3 m. s. אִתְבַּשַּׁל + בְּ "in, con" + sost. m. חַל / חַלָּא "aceto" = che è stato cucinato (o condito) con aceto.

ויתיבת : cong. וְ (qui וִ) + radice יתב (verbo יְתִיב) "sedere" (AB יְתֵב; TO a Gen 13,12); *P'al*; perf.; 3 f. s. וִיתֵיבַת = e sedette.

מסטר חצודיא : prep. מִן (qui מִ) + sost. m. סְטַר / סִטְרָא "fianco, lato" (TO a Es 26,4), in stato costr. מִסְּטַר le due parole insieme significano "vicino a, a fianco di" (TO a Es 26,27) + sost. m. חָצוֹדָא "mietitore" (cfr. 2,3) al pl. חָצוֹדַיָא = a fianco dei mietitori.

ואושיט לה : cong. וְ + radice ישט "dare, porgere"; *Af'el*; perf.; 3 m. s. אוֹשִׁיט (TO a Gen 8,9; Dalman 189) o אוֹשִׁיט (TO a Gen 22,10) + prep. לְ con suff. 3 f. s. לַהּ = e porse a lei.

קמח קלי : sost. m. e f. קְמַח / קִמְחָא (Dalman 381) "farina", in stato costrutto קְמַח (var. קֶמַח; TO a Nm 5,15) + sost. m. קְלִי "grano tostato" (EB; ci aspetteremmo la forma aramaica קַלְיָא; cfr. Dalman 378) = farina di grano tostato.

ואכלת : cong. וְ (qui וַ) + radice אכל "mangiare"; *P'al*; perf.; 3 f. s.

וָאֹכֵל (TO a Gen 3,6) = e mangiò.

וּשְׂבַעַת : cong. וְ (qui וּ) + radice שְׂבַע (סבע) "saziarsi"; P'al; perf.; 3 f. s. שְׂבַעַת = e si saziò.

וְאִשְׁתָּאֲרַת : cong. וְ + radice שְׁאַר "rimanere, restare"; Itp'el "avanzare, avere troppo"; perf.; 3 f. s. אִשְׁתָּאֲרַת (cfr. 1,3; TO a Es 10,5) = e ne avanzò/ ne ebbe in abbondanza.

TARGUM: *Le disse Booz al tempo del cibo: "Avvicinati qui e mangia dal cibo e intingi il tuo cibo nel condimento che è stato cucinato con aceto"; sedette a fianco dei mietitori e (Booz) porse a lei farina di grano tostato. Essa mangiò e si saziò e ne lasciò da parte (un po').*

TM: *Le disse Booz al tempo del cibo: "Avvicinati qui e mangia dal cibo e intingi il tuo pezzo (di pane) nella bevanda fermentata"; sedette a fianco dei mietitori e (Booz) porse a lei grano tostato. Essa mangiò e si saziò e ne lasciò da parte (un po').*

2,15

וּקְמַת : cong. וְ + radice קוּם "alzarsi"; P'al; perf.; 3 f. s. קָמַת (cfr. 1,6 e 2,7) = e (Rut) si alzò.

לְמִצְבַּר שׁוּבְלִין : לְ + inf. P'al da צְבַר / צְבֵיר "raccogliere, accumulare" (Tg a Ez 21,27) לְמִצְבַּר (cfr. 2,8) + sost. f. pl. שׁוּבְלִין (oppure שׁוּבְּלִין) "spighe" (cfr. 2.2.7.8) = per raccogliere/spighe.

וּפַקִּיד בּוֹעַז : cong. וְ (qui וּ) + radice פְּקַד "comandare, ordinare"; Pa'el; perf.; 3 m. s. וּפַקִּיד (TO a Gen 2,16) + nome pr. m. = e ordinò Booz.

יָת עוּלֵימוֹי : segno dell'acc. יָת (cfr. 2,11) + sost. m. עוּלֵימָא / עוּלֵים "ragazzo, servo" (cfr. 2,5.6.9) al pl. עוּלֵימַיָּא (cfr. 2,9), con suff. 3 m. s. עוּלֵימוֹי (per עוּלֵימוֹהִי in TO a Gen 22,3; oppure עוּלֵימֵהִי in TO a Gen 22,19) = ai suoi servi.

לְמֵימַר : לְ + inf. P'al di אמר (לְמֵימַר; TO a Gen 1,22; cfr. 2,14) = di dire/ dicendo.

אַף בֵּינֵי אֲלוּמַיָּא : cong. אַף "anche" (TO a Gen 3,6) + prep. בֵּינֵי (var. di בֵּין) "tra, fra" (TO a Es 32,12) + sost. m. אֲלוּמָא (Dalman 20 אֲלֻמָּה) "fascio (di spighe), covone", al pl. אֲלוּמַיָּא (cfr. 2,7) = anche fra i covoni.

תְּהֵי צָבִירָא : imperf. P'al 3 f. s. di הוי (cfr. 2,9) תְּהֵי + radice צבר (verbo צְבַר / צְבֵיר: vedi sopra); P'al; part. pass. (con senso attivo); f. s. צְבִירָא = sarà spigolante.

ולא תכספונה : cong. וְ + avv. לָא "e non" + radice כסף "sgridare, rimpro-verare, trattare male"; *Pa'el*; imperf.; 2 m. pl., con suff. 3 f. s. תְּכַסְפוּנַּהּ = e non la importunerete.

TARGUM: *Essa si alzò per spigolare spighe e ordinò Booz ai suoi servi dicendo: "Anche tra i covoni spigolerà e non la maltratterete".*

TM: *Essa si alzò per spigolare e ordinò Booz ai suoi servi dicendo: "Anche tra i covoni spigolerà e non la maltratterete".*

2,16
ואף מיתר תתירון לה : cong. composta וְאָף "e anche" (cfr. v. precedente e 2,8) + radice נתר "lasciare"; *P'al*; inf. מִיתַּר + *Af'el* o *Pa'el* "lasciare cadere"; imperf.; 2 m. pl. תַּתִּירוּן o תְּתִירוּן (Dalman 280); l'inf. è costruito con una forma finita dello stesso verbo (calco dell'EB שֹׁל־תָּשֹׁלוּ) + prep. לְ con suff. 3 f. s. לָהּ "per lei" = e anche farete cadere per lei.

מן אסיריא : prep. מִן "da" + agg. (part. pass. *P'al*) m. pl. di אֲסִירָא "(covo-ne) legato, mannello, mazzo di spighe" אֲסִירַיָּא = dai covoni/dai mannelli.

ותשבקון : cong. וְ + radice שבק "lasciare, abbandonare" (cfr. 1,16; 2,11); *P'al*; imperf.; 2 m. pl. תִּשְׁבְּקוּן (Tg a Gs 24,20) = e lascerete.

למהוי צבירא : inf. *P'al* di הוי (לְמֶהֱוִי; cfr. 2,12) + צְבִירָא (cfr. v. preceden-te) = essere spigolante.

ולא תנזפון בה : cong. וְ + avv. di negazione לָא "e non" + radice נזף (ver-bo נְזַף) "rimproverare, molestare"; *P'al*; imperf.; 2 m. pl. תְּנַזְפוּן + prep. בְּ (retta dal verbo), con suff. 3 f. s. בַּהּ = e non la maltratterete.

TARGUM: *"Anzi (lett.: E anche) farete cadere per lei (le spighe) dai man-nelli; (la) lascerete spigolare e non la rimprovererete".*

TM: *"Anzi (lett.: E anche) le tirerete fuori (le spighe) dai mannelli; le la-scerete ed essa (le) raccoglierà e non la rimprovererete".*

2,17
וצבירת שובלין בחקלא : cong. וְ (qui וּ) + radice צבר "spigolare, raccoglie-re" (verbo צְבִיר / צְבַר; cfr. 2,15.16); *P'al*; perf.; 3 f. s. צְבִירַת + sost. f. pl. שֻׁבְּלִין "spighe" (cfr. 2,8 per le diverse vocalizzazioni) + sost. m. e f. חֲקַל

חַקְלָא / "campo, campagna" (cfr. 1,2) preceduto da בְּ = e (essa) spigolò/
potè spigolare spighe nel campo.

עַד רמשא : cong. עַד "fino a" (cfr. 1,13) + sost. m. רְמַשׁ (TO a Gen 1,5)
/ רַמְשָׁא (TO a Gen 8,11) "sera" = fino a sera.

ודשת ית שובלין דצבירת : cong. וְ + radice דוש "(cal)pestare, battere, trebbiare"; P'al; perf.; 3 f. s. דָּשַׁת (Tg a 2Re 14,9) + segno dell'acc. יָת + sost.
f. pl. שֻׁבְלִין (vedi sopra) + דְ rel. (qui דְ) + צְבֵירַת (vedi sopra) = e battè/
trebbiò le spighe che aveva raccolto.

והוה שיעוריהון : cong. וְ (qui וַ) + verbo הֲוָה / הֲוָא "essere"; P'al; perf.; 3 m.
s. הֲוָה (var. הֲוַת) + sost. m. שִׁיעוּרָא "misura, quantità, dimensione" (Dalman
431), al pl. con suff. 3 m. (e f.) pl. שִׁיעוּרֵיהוֹן = e fu la loro misura/quantità.

כתלת סאין : per כְ (qui כִ) "circa" cfr. 1,4 + agg. num. f. תְּלָת (cfr. 1,16;
AB תְּלָת) + sost. f. סָאָה / סָתָא (o סָאתָא; Dalman 281) "seah, misura" (TM:
אֵיפָה "efa"), in stato ass. pl. סְאִין (בִּתְלָת סְאִין in TO a Es 16,36) = circa tre
seah/misure.

סעורין : sost. f. סְעוֹרְתָא (Dalman 297 סְעָרְתָא) "orzo", al pl. סְעוֹרִין (cfr.
1,22 e סְעָרִין in TO) = di orzo (cioè: e ne ricavò una misura di circa tre
seah di orzo).

TARGUM: *Essa spigolò* spighe *nel campo fino a sera e trebbiò* le spighe
che aveva raccolto e fu/era la loro misura/quantità *circa* tre seah *d'orzo.*

TM: *Essa spigolò nel campo fino a sera e trebbiò ciò che aveva raccolto e
(ne) risultò circa un'efa d'orzo.*

2,18

וסוברת : cong. וְ + radice סבר "sollevare, portare"; Po'el; perf.; 3 f. s.
סוֹבַרַת (TO a Gen 13,6) = e (Rut) sollevò/portò.

ועלת לקרתא : cong. וְ + radice עלל "entrare" (verbo עַל); P'al; perf.; 3
f. s. עַלַת (Dalman 314; Dn 5,10 עַלַת Qere; Ketiv עֲלַלַת) + prep. לְ + sost. f.
קַרְתָא "città" = ed entrò nella città.

וחזת : cong. וְ (qui וַ) + radice חזי "vedere"; P'al; perf.; 3 f. s. חֲזַת (cfr.
TO a Gen 3,6) = e vide.

חמותה : sost. f. חֲמוֹתָא "suocera", con suff. 3 f. s. חֲמוֹתַה (cfr. 1,14) = la
sua suocera.

ית מה דכנשת : segno dell'accusativo יָת + pron. interr. per le cose מָה seguito da דְ rel. (qui דְ) "ciò che" (cfr. 1,16) + radice כנש "raccogliere, met-

tere insieme"; *P'al*; perf.; 3 f. s. כְּנָשַׁת (cfr. 2,3) = ciò che aveva raccolto.

וְאַפֵּקַת מִן תַּרְמִילָא : cong. וְ + radice נפק "uscire"; *Af'el*; perf.; 3 f. s. אַפֵּקַת (cfr. אַפֵּיקַת in TO a Gen 1,12; 40,10) + prep. מִן "da" + sost. m. תַּרְמִילָא "sacco, bisaccia" (Dalman, *ad vocem*) = e lo estrasse dalla bisaccia.

וִיהַבַת לַהּ : cong. וְ (qui וִ) + verbo יהב "dare" (AB יְהַב); *P'al*; perf.; 3 f. s. יְהַבַת in TO a Gen 3,12 (וִיהַבַת in TO a Gen 3,6) + prep. לְ con suff. 3 f. s. לַהּ = e diede a lei.

יַת מְזוֹנָא : segno dell'acc. יַת + sost. m. מָזוֹן (Dn 4,9.18) / מְזוֹנָא (Tg a 1Sam 9,13) "cibo, nutrimento" = il cibo.

דְאִשְׁתְּאָרַת לַהּ : pron. rel. דְ + אִשְׁתְּאָרַת (cfr. 2,14) + prep. לְ con suff. 3 f. s. לַהּ = che era avanzato a lei.

מִשָּׂבְעַהּ : prep. מִן "da" (retta dal verbo) + sost. m. שִׂבְעָא (סָבְעָא) "sazietà, abbondanza" (oppure סָבְעָא; Dalman 282), con suff. 3 f. s. מִשָּׂבְעַהּ = dalla sua sazietà.

TARGUM: *Essa (lo) sollevò ed entrò nella città e sua suocera vide ciò che aveva raccolto; tirò fuori dalla bisaccia e diede a lei il cibo che era avanzato a lei dopo che si era saziata (lett.: dalla sua sazietà).*

TM: *Essa (lo) sollevò ed entrò nella città e sua suocera vide ciò che aveva raccolto; tirò fuori e diede a lei ciò che essa aveva lasciato da parte dopo che si era saziata (lett.: dal suo saziarsi).*

2,19

וַאֲמַרַת לַהּ חֲמוֹתַהּ : cfr. 2,2 e v. precedente = e disse a lei la sua suocera.

לְאָן : avv. di luogo che introduce l'interrogazione לְאָן (composto da לְ e אָן) "(verso) dove?"; si tratta, forse, di un errore per אֵיכָן "dove" (stato in luogo) = dove.

צְבִירְתְּ : radice צבר; *P'al*; perf.; 2 f. s. צְבִירְתְּ (cfr. 2,17) = hai spigolato.

יוֹמָא דֵין : avv. di tempo composto dal sost. m. יוֹם / יוֹמָא "giorno" e dal pron. dimostr. m. דֵין "questo"; insieme significano "quest'oggi, oggi" = oggi/quest'oggi?

וּלְאָן אִשְׁתַּדַּלְתְּ : cong. וְ (qui וּ) + avv. לְאָן "dove" (vedi sopra) + radice שׁדל (usata in *Pa.* e *Itpa.*) "darsi da fare, faticare"; *Itpa'al* (אִשְׁתַּדַּל con metatesi; cfr. TO a Gen 32,24); perf.; 2 f. s. אִשְׁתַּדַּלְתְּ = e dove ti sei data da fare?/hai faticato?

לְמֶעְבַּד : radice עבד; *P'al*; inf. preceduto da לְ (לְמֶעְבַּד in Esd 4,22; in TO

לְמֶעְבַּד) = per lavorare.

יהא גברא : verbo הֲוָא "essere" (cfr. 1,1); *P'al*; imperf. con valore iussi-vo; 3 m. s. יְהֵי (TO יְהֵי) + sost. m. גַּבְרָא "uomo, marito" (cfr. 1,1.2, ecc.) = sia l'uomo.

דאשתמודע ליך : pron. rel. דְּ + radice ידע; *Ištaf'al*; perf.; 3 m. s. אִשְׁתְּמוֹדַע (cfr. 2,11) + prep. לְ, con suff. 2 f. s. לִיךְ (cfr. 2,11 e TO a Gen 20,16) = che è stato conosciuto da te.

מבורך : radice ברך "benedire"; *Pa'el*; part. pass. (variante מְבָרַךְ); m. s. מְבוֹרַךְ (ebraismo per מְבָרַךְ in Dn 2,20) = benedetto.

וחויאת לחמותה : cong. וְ + radice חוי; *Pa'el* "mostrare"; perf.; 3 f. s. חַוִּיאַת (TO a Gen 24,28) + sost. con prep. e suff. 3 f. s. לַחֲמוֹתַהּ "a sua suocera" (cfr. sopra) = e riferì/mostrò alla sua suocera.

ית דאשתדלת : segno dell'acc. יָת + pron. rel. דְּ "ciò che, colui che" + verbo שדל (cfr. sopra); *Itpa'al*; perf.; 3 f. s. אִשְׁתַּדְלַת = colui che si era data da fare.

למעבד עמיה : per לְמֶעְבַּד (o לְמֶעֱבַּד) vedi sopra + prep. עִם "con", con suff. 3 m. s. עִמֵּהּ (TO a Gen 9,8) = per lavorare/fare con lui (cioè: mostrò alla sua suocera colui col quale si era data da fare per lavorare).

ואמרת : cong. וְ (qui וַ) + radice אמר "dire"; *P'al*; perf.; 3 f. s. וַאֲמַרַת o וַאֲמֶרֶת (cfr. 2,2) = e disse.

שום גברא : sost. m. שׁוֹם (AB שֵׁם) / שְׁמָא "nome" (TO a Gen 4,26), in stato costr. שׁוֹם (cfr. 1,2) + sost. m. גַּבְרָא "uomo, marito" (cfr. 1,1 e sopra) = il nome dell'uomo.

דאשתדלית עמיה : pron. rel. דְּ + verbo שדל (cfr. sopra); *Itpa'al*; perf.; 1 s. אִשְׁתַּדְלִית + prep. עִם "con", con suff. 3 m. s. עִמֵּהּ (vedi sopra) = che mi sono data da fare con lui.

יומא דין : sost. m. יוֹם / יוֹמָא "giorno" + pron. dimostr. m. s. דֵּין "questo" (vedi sopra) = questo giorno (= quest'oggi).

מתקרי בועז : radice קרי; *Itp'el*; part.; m. s. מִתְקְרֵי (TO a Dt 3,13; cfr. 1,1) + nome pr. m. בַּעַז / בּוֹעַז = si chiama Booz.

TARGUM: *Le disse sua suocera: "Dove hai spigolato quest'oggi e* dove ti sei data da fare per lavorare? *Sia* l'uomo che è stato conosciuto da te *benedet-to"; e* mostrò *alla sua suocera la persona con la quale aveva* potuto lavorare/ fare *e disse: "Il nome dell'uomo presso il quale* mi sono data da fare *oggi* si chiama *Booz"*.

TM: *Le disse sua suocera: "Dove hai spigolato quest'oggi e da che parte hai lavorato? Sia colui che ti ha guardato con benevolenza benedetto"; e riferì alla sua suocera la persona con la quale aveva lavorato e disse: "Il nome dell'uomo presso il quale ho lavorato oggi (è) Booz".*

2,20

ואמרת נעמי לכלתה : cfr. 2,2 + nome pr. f. נָעֳמִי + prep. לְ seguita dal sost. f. כַּלְּתָא "sposa, nuora", con suff. 3 f. s. כַּלְּתַהּ (cfr. 1,6: כַּלְּתָהָא) = e disse Noemi alla sua nuora.

מבורך הוא : per מְבוֹרָךְ "benedetto" cfr. 2,19 (var. בְּרִיךְ "benedetto"; *P'al* Part. pass.; m. s.) + pron. pers. 3 m. s. che funge da copula הוּא = benedetto è.

מפום קודשא דיהוה : prep. מִן "da" + sost. m. פּוֹם (TO a Lv 27,8) / פּוּמָא "bocca" (AB פֻּם 5 volte in Dn), in stato costr. פּוֹם + sost. m. קֹדֶשׁ (TO a Es 28,36; Es 26,34 costr.) / קוּדְשָׁא "santità" (TO a Es 15,11) + דְ genitivale (qui דְּ) e nome di Dio = dalla bocca della santità (= dalla bocca santa) di YHWH.

דלא שבק : pron. rel. דְ + avv. di negazione: דְּלָא "che non" + radice שְׁבַק "abbandonare, lasciare" (cfr. 2,16); *P'al*; perf.; 3 m. s. שְׁבַק (TO a Gen 39,6) = che non ha rimosso/lasciato.

טיבותיה : sost. f. טֵיבוּ (TO a Gen 23,13) / טֵיבוּתָא (TO a Gen 21,23) "misericordia, favore" (cfr. 1,9), con suff. 3 m. s. טֵיבוּתֵיהּ (TO a Gen 24,27) = la sua misericordia/benevolenza.

עם חייא : prep. עִם "con" + agg. e sost. חַי (TO a Gen 6,19) / חַיָּא "vivo, vivente" (Dn 6,21.27; TO a Es 21,35) al pl. m. חַיַּיָּא (Dn 2,30; 4,14; TO a Nm 17,13) = con i vivi.

ועם מיתיא : cong. + prep. וְעִם "e con" + agg. e sost. מִית (TO a Lv 19,28) / מִיתָא (TO a Es 21,34; part. pass. dalla radice מות) "morto" al pl. m. מִיתַיָּא (TO a Nm 17,13) = e con i morti.

ואמרת לה נעמי : vedi sopra = e disse a lei Noemi.

קריב לנא גברא : agg. e sost. קָרִיב (TO e קְרִיב e קָרִיב) / קָרִיבָא "vicino, parente" + prep. לְ, con suff. 1 pl. לָנָא "a noi" (Esd 4,14) + sost. m. גַּבְרָא "uomo, marito" (cfr. 1,1) = vicino/parente nostro (è) (quel)l'uomo.

מפרוקנא הוא : prep. מִן (qui מִ) + sost. m. פָּרוּקָא "vendicatore, riscattatore" (Dalman 346), al pl. פָּרוֹקִין (o פְּרוֹקִין), con suff. 1 pl. פָּרוֹקַנָא (o פָּרוֹקַנָא; var. מְפָרְקָנָא "riscattatore", *nomen agentis* dal *Pa'el*) + pron. pers. 3 m. s. הוּא "egli" = fra i nostri riscattatori (è) esso (oppure: riscattatore (è) esso).

TARGUM: *Disse Noemi alla sua nuora: "Benedetto (è) egli da*lla bocca
santa di *YHWH che non ha abbandonato la sua benevolenza con i vivi e con i
morti". Le disse Noemi: "Quell'uomo (è) nostro parente, è fra i nostri riscattatori".*

TM: *Disse Noemi alla sua nuora: "Benedetto (è) egli da YHWH che non
ha abbandonato la sua benevolenza con i vivi e con i morti". Le disse Noemi:
"Quell'uomo (è) nostro parente, è fra i nostri riscattatori".*

2,21

ואמרת רות מואביה : agg. f. מוֹאֲבָיָה (per מוֹאֲבָאָה? Dalman 226) "moabita"
(var. מוֹאֲבָיְתָא; cfr. 2,2 dove si trova lo stato enf.) = e disse Rut la moabita.

אף ארום אמר לי : cong. אַף "anche" (cfr. 2,15.16) + cong. אֲרוּם "che,
perché" (insieme: "e inoltre") + radice אמר "parlare, dire"; *P'al*; perf.; 3
m. s. אֲמַר + prep. לְ, con suff. 1 s. לִי "a me" = e (Booz) mi ha anche detto.

עם רביא די לי : prep. עִם (retta dal verbo che segue) + sost. m. רְבֵי (TO a
Gen 37,2) / רַבְיָא (TO a Gen 21,8) "fanciullo, ragazzo, servo", al pl. רַבְיָא
(solo il sing. in Dalman 396; il pl. in Levy, *ad vocem*) + pron. rel. דִי + לִי
"che a me" (cioè: miei) = con i servi di me.

תתוספין : radice יסף "aggiungere"; *Ittaf'al* "aggiungersi, essere aggiunto"; imperf.; 2 f. s. תִּתּוֹסְפִין = ti aggiungerai.

עד זמן דכדי ישיצון : cong. עַד (cfr. 1,13) "fino a" + sost. m. זְמַן "tempo"
(meno bene: זְמָן; cfr. Dn 2,16; 7,12) + דְּכְדִי "che allora", cioè "nel quale"
(composto da דְּ [qui דְ] + כְ + דִי) + verbo שֵׁיצָיא "terminare, finire" (AB
cfr. Esd 6,15); *Šaf'el*; imperf.; 3 m. pl. יְשֵׁיצוּן (TO a Dt 20,9) = fino a che
avranno terminato/finito.

ית כל חצדיא : segno dell'acc. יָת + sost. כָּל "totalità" usato come pron.
indefinito "tutto, ogni" + sost. m. חֲצָדָא "mietitura, raccolto", al pl. חֲצָדַיָא
(var. s. חֲצָדָא) = tutti i raccolti/tutte le mietiture.

די לי : pron. rel. דִי "che" + prep. לְ "a", con suff. 1 s. לִי "a me" = mie/
di me (lett.: che sono a me).

TARGUM: *Disse Rut la moabita: "Anche mi ha detto: "Ti aggiungerai ai
miei servi fino al tempo che avranno finito tutta la mia mietitura""* (tutte le
mie mietiture).

TM: *Disse Rut la moabita: "Anche mi ha detto: "Starai vicina ai miei servi
finché avranno finito tutta la mia mietitura"".*

2,22

‏ואמרת נעמי לות רות כלתה‎ : cfr. 2,20 + ‏לְוָת‎ "presso, a" + ‏כַּלְּתַהּ‎ "la sua nuora" (cfr. 2,20) = e disse Noemi a Rut sua nuora.

‏שפיר ברתי‎ : agg. m. (o avv.) ‏שַׁפִּיר‎ "bene, buono" + sost. f. ‏בְּרַת‎ / ‏בְּרַתָּא‎ "figlia", con suff. 1 s. ‏בְּרַתִּי‎ (cfr. 2,2) = è bene/buono, o figlia mia.

‏ארום תיפוק‎ : cong. ‏אֲרוּם‎ "che, ecco, ecco che" + radice ‏נפק‎ "uscire" (cfr. 1,1); *P'al*; imperf.; 2 m. (e f.) s. ‏תִּיפּוֹק‎ (3 f. s. in TO a Es 21,7; var. f. ‏תִּיפְּקִין‎) = che/ecco uscirai.

‏עם עולימתוהי‎ : prep. ‏עִם‎ "con" + agg. sost. f. ‏עוּלֵימְתָא‎ "ragazza, giova-ne, serva" (TO a Gen 24,14; Dalman 314 ‏עֲלֵימְתָא‎) (m. ‏עוּלֵימָא‎ "ragazzo, giovane, servo"; cfr. 2,5) al pl. ‏עֲלֵימִין‎ "ragazzi" (ma anche "ragazze") / ‏עוּלֵימְתָא‎, con suff. 3 m. s. ‏עוּלֵימָתוֹהִי‎ (cfr. inizio del v. seguente) = con le sue serve.

‏ולא יערעון ביך‎ : ‏וְלָא‎ "e non" + radice ‏ערע‎ "arrivare, incontrarsi, unirsi"; *Pa'el*; imperf.; 3 m. pl. ‏יְעָרְעוּן‎ (Tg a Gs 2,16) + prep. ‏בְּ‎ (retta dal verbo), con suff. 2 f. s. ‏בִּיךְ‎ (TO a Gen 3,16) = e non si incontreranno con te (nel senso: nessuno ti molesterà).

‏בחקל אוחרן‎ : prep. ‏בְּ‎ (qui ‏בַּ‎) + sost. m. e f. ‏חֲקַל‎ / ‏חַקְלָא‎ "campo, campa-gna" (cfr. 2,2), in stato ass. ‏חֲקַל‎ + agg. m. ‏אוֹחֲרָן‎ / ‏אָחֳרָן‎ "altro" (cfr. 2,8) = in un altro campo.

TARGUM: *Disse Noemi a Rut sua nuora: "È bene, figlia mia, che tu esca con le sue serve e non ti aggrediscano in un altro campo".*

TM: *Disse Noemi a Rut sua nuora: "È bene, figlia mia, che tu esca con le sue serve e non ti aggrediscano in un altro campo".*

2,23

‏ואדבקת בעולמתוי דבועז‎ : cong. ‏וְ‎ con valore avversativo "ma, invece" + radice ‏דבק‎ "aderire, seguire" (cfr. 1,14); *Itp'el*; perf.; 3 f. s. ‏אִדְּבְקַת‎ (Tg a 2Sam 23,10; in Rut 1,14 senza assimilazione ‏אִתְדְּבֵקַת‎) + prep. ‏בְּ‎ (retta dal verbo) + agg. sost. f. ‏עוּלֵימְתָא‎ "ragazza, giovane, serva" (cfr. 2,13 e v. precedente) al pl. (‏עוּלְמָתָא‎), con suff. 3 m. s. ‏עוּלְמָתוֹי‎ (cfr. ‏עוּלֵימָתוֹהִי‎ nel v. precedente; per ‏עוּלְמָתֵיהּ‎?) + ‏דְּבוֹעַז‎ "di Booz" = e aderì alle serve (sue) di Booz.

‏למצבר‎ : per ‏לְמִצְבַּר‎ cfr. 2,15 = per spigolare/spigolando.

‏עד דישיצי‎ : cong. composta ‏עַד דְּ‎ (cfr. 2,21; qui ‏עַד דִּי‎-) "fino a che" +

verbo שֵׁיצֵיא (cfr. 2.21) "arrivare alla fine, essere finito"; *Šafᶜel*; imperf.; 3 m. s. יְשֵׁיצֵי (TO a Dt 12,29) = fino a che fosse terminata.

חצד סעורין : sost. m. חֲצָד (TO a Gen 30,14) / חֲצָדָא (TO a Lv 19,9) "mietitura" in stato costr. (חֲצָד) + sost. f. סְעַרְתָּא "orzo" (qui desunto dall'ebraico שְׂעוֹרָה) "orzo" al pl. סְעוֹרִין (per סְעָרִין; cfr. 1,22; 2,17) = la mietitura dell'orzo.

וחצד חטין : cong. וְ (qui וְ) + sost. m. חֲצָד "mietitura" in stato costr. (vedi sopra) + sost. f. חִטְתָא "grano, frumento" (Dalman 144) al pl. חִטִין (TO a Gen 30,14) = e la mietitura del grano.

ויתיבת : cong. וְ (qui וְ) + per וִיתֵיבַת "sedette" cfr. TO a Gen 21,16 = e sedette.

עם חמותה : prep. עִם "con" + sost. f. חֲמוֹתָא "suocera", con suff. 3 f. s. חֲמוֹתַהּ (cfr. 1,14; 2,18) = con la sua suocera.

TARGUM: *Stette vicina alle serve di Booz per spigolare fino a che terminò la mietitura dell'orzo e la mietitura del grano; e abitò con la sua suocera.*

TM: *Stette vicina alle serve di Booz per spigolare fino al terminare della mietitura dell'orzo e della mietitura del grano; e abitò con la sua suocera.*

Capitolo terzo

3,1

ואמרת לה נעמי חמותה : cfr. 2,22 e v. precedente = e le disse Noemi, sua suocera.

ברתי : sost. f. בְּרַת / בְּרַתָּא "figlia", con suff. 1 s. בְּרַתִּי (cfr. 2,2.22) = o figlia mia.

בשבועה : prep. בְּ (qui בּ) + sost. f. שְׁבוּעָה (TO Es 17,16) / שְׁבוּעֲתָא (Dalman 413; TO a Gen 29,27) "giuramento" = con giuramento (cioè: "giuro che…").

לא אניח : avv. di negazione לָא "non" + radice נוח "riposare"; *Af'el*; imperf.; 1 s. אֲנִיחַ (Dalman 265; Tg a Ez 24,13) = non riposerò.

עד זמן דאתבע ליך : cong. עַד "fino" + sost. m. זְמָן o זְמַן (cfr. 2,21) + דְּ "fino al tempo che" + radice תבע "cercare, esigere" (verbo תְּבַע); *P'al*; imperf.; 1 s. אֶתְבַּע (Dalman 438; TO a Gen 9,5: אִיתְבַּע) + prep. לְ, con suff. 2 f. s. לִיךְ "per te" (cfr. 2,19) = (forse che) non cercherò per te.

ניחא : sost. m. נְיָח / נְיָחָא "riposo, quiete" (cfr. 1,9) = riposo.

בגין דייטב לך : cong. בְּגִין (o בְּגֵין; cfr. 1,6; 2,11) con valore finale o consecutivo "affinchè, così che" + radice יטב (verbo יְטַב) "essere buono, essere bene"; *P'al*; imperf.; 3 m. s. יִיטַב (TO a Gen 12,13; Esd 7,18 יִיטַב) + לְ con suff. 2 f. s. לָךְ (cfr. לִיךְ sopra) = e/che sia bene per te.

TARGUM: *Le disse Noemi sua suocera: "Figlia mia, con giuramento (ti prometto che) non riposerò fino al tempo che cercherò per te un riposo che sia bene per te".*

TM: *Le disse Noemi sua suocera: "Figlia mia, forse che non cercherò per te un luogo di riposo che sia bene per te?".*

3,2

וכען : cong. וְ (qui וּ) + avv. di tempo כְּעַן "ora, adesso" (ricorre in AB) = e ora.

הלא בועז : particella interr. הֲ "forse che?" (cfr. 1,11; AB הֲ e הֶ) + avv. di negazione הֲלָא "forse che non?" + nome pr. m. בֹּעַז / בֹּעַז = forse che non Booz.

דאשתמודע לנא : pron. rel. דְ + sost. m. אִשְׁתְּמוֹדַע "parente, conoscente" (Dalman 45) + prep. לְ, con suff. 1 pl. לָנָא "a noi" (cfr. 2,20) = che nostro parente (è).

דהוית בחקלא : pron. rel. דְ (qui דְ) + radice הוי "essere" (verbo הֲוָא; cfr. 1,1); *P'al*; perf.; 2 f. s. דַהֲוֵית (Tg a Is 47,12) + prep. בְּ "in" + sost. m. e f. חַקְלָא "campo, campagna" (cfr. 2,2.22) = che sei stata nel campo.

עם עולמתוי : prep. עִם "con" + agg. sost. f. עוּלֵימְתָא "ragazza, giovane, serva" (cfr. 2,5.23), con suff. 3 m. s. עוּלֵמְתוֹי (2,23) = con le sue giovani/serve (cioè: con le giovani/serve del quale sei stata).

הא הוא מבדר : per הָא "ecco" cfr. 1,15; 2,4 + pron. pers. 3 m. s. הוּא "egli" + radice בדר "battere, trebbiare, spargere"; *Pa*. (בַּדַּר); part. att. (identico al part. pass.); m. s. מְבַדַּר (Tg a Ger 51,20) = ecco, egli batte.

ית אידר סעורין : segno dell'acc. יָת + sost. m. אִידְרָא / אִידַּר (TO a Nm 15,20; AB pl. costr. אִדְּרֵי) "aia" (luogo dove si accumulano e si battono i cereali) + sost. f. pl. סְעוֹרִין (per סְעָרִין; cfr. 1,22; 2,17.23) = l'aia dell'orzo.

ברוחא די בליליא : prep. בְּ + sost. f. רוּחַ (Dn 5,14) / רוּחָא (Dn 2,35) "vento, spirito" + pron. rel. דִי + sost. m. לֵילֵי (TO a Gen 8,22) / לֵילְיָא (TO a Gen 1,5 e Dn 5,30 לֵילְיָא) "notte" = al vento notturno (lett.: al vento che [c'è] di notte).

TARGUM: *"E ora, forse che non (è) nostro parente Booz con le serve del quale sei stata* nel campo? *Ecco egli trebbia l'aia dell'orzo* al vento della notte".

TM: *"E ora, forse che non (è) nostro parente Booz con le serve del quale sei stata? Ecco egli trebbia l'aia dell'orzo questa notte"*.

3,3

ותחלילי במיא : radice חלל "bagnarsi, lavarsi"; *Pa'el*; imperf.; 2 f. s. וּתְחַלִּילִי (Dalman § 71 [p. 332]) + prep. בְּ (retta dal verbo) + sost. m. *plurale tantum* מַיִן (TO a Es 15,27) / מַיָּא (TO a Es 15,27) "acqua" (cfr. 1,1) = lavati/ti laverai con acqua.

ותסוכי בוסמנין : cong. וְ (qui וּ) + radice סוך "ungere, massaggiare" (cfr. Dalman 285); *P'al*; imperf.; 2 f. s. וּתְסוּכִי + sost. m. pl. ass. בּוּסְמָנִין (TJ; TO בּוּסְמִין; Dalman 59) "profumi" (sing. בְּסַם / בּוּסְמָא in TO a Es 20,23) = e ungi(ti)/massaggia(ti) con profumi.

וּתְשַׁוִּיאִי : cong. וּ (qui וּ) + radice שׁוי "mettere, porre"; *Pa'el*; imperf.; 2 f. s. וּתְשַׁוִּיאִי (Dalman § 72.10 [p. 346]) = e adornati.

תכשיטין עליך : sost. m. תַּכְשִׁיטָא "gioiello, ornamento" al pl. (תַּכְשִׁיטִין; Dalman 442) + prep. עַל "su, sopra", con suff. 2 f. s. עֲלַיִךְ (var. עֲלָךְ) = con gioielli su di te.

וּתֵיחֲתִין : cong. וּ + radice נחת "scendere" (verbo נְחַת; AB part. m. s. נָחֵת); *P'al*; imperf.; 2 f. s. תֵּיחֲתִין (o תֵּיחֵתִין; Dalman § 66.4 [p. 293]) = e scendi.

לְאִידְרָא : prep. לְ + sost. m. אִידַר / אִידְרָא "aia" (cfr. 3,2) = verso l'aia.

לָא תִתְפַּרְסְמִי : לָא "non" + radice פרסם (verbo פַּרְסֵם, dal greco) "mostrare, far conoscere rendere noto"; *Itpa'al* (o *Itp'el*) "essere visto, mostrarsi, apparire"; imperf.; 2 f. s. תִּתְפַּרְסְמִי = non farti vedere/notare.

לְגַבְרָא : prep. לְ + גַּבְרָא "uomo, marito" = dall'uomo (Booz).

עַד שֵׁיצִיוּתֵיה : cong. עַד "fino a" + verbo שֵׁיצֵי "finire, completare" (cfr. 2,21.23); *Šaf'el*; inf. con suff. 3 m. s. שֵׁיצִיוּתֵיה "il suo completamento" (TO a Dt 9,20) = fino a che avrà finito.

לְמֵיכַל : per לְמֵיכַל "mangiare"; *P'al*; inf. di אֲכַל cfr. 1,1 e TO a Gen 3,11 = di mangiare.

וּלְמִשְׁתֵי : cong. וּ (qui וּ) + inf. לְמִשְׁתֵי "bere" (cfr. 1,1); *P'al*; inf. dalla radice שׁתי = e di bere.

TARGUM: *"Ti laverai con acqua e ti ungerai con profumi e ti adornerai con gioielli su di te e scenderai verso l'aia. Non farti notare dall'uomo finché egli finirà (lett.: fino al suo finire) di mangiare e di bere"*.

TM: *"Ti laverai e ti ungerai; indosserai le tue vesti (lett.: metterai i tuoi vestiti su di te) e scenderai verso l'aia. Non farti riconoscere dall'uomo finché egli finirà (lett.: fino al suo finire) di mangiare e di bere"*.

3,4

וִיהֵי : cong. וּ (qui וּ) + per יְהֵי o יְהָא cfr. 2,19 = e avverrà che.

בְּעִידָן מִשְׁכְּבֵיה (דמכיה) : prep. בְּ + sost. m. עִדָּן (עִדָּן) in Dn 7,25) / עִידָנָא (AB e TO) "tempo" in stato costr. עִידָן (cfr. 2,14) + radice שׁכב "giacere, coricarsi"; *P'al*; inf., con suff. 3 m. s. מִשְׁכְּבֵיה (oppure sost. m. מִשְׁכְּבָא, con suff. 3 m. s. מִשְׁכְּבֵיה) (var.: sost. m. דְּמְכָא (o דְּמְכָא) "il giacere nel sonno", con suff. 3 m. s. דְּמְכֵיה o דְּמְכֵיה) = quando giacerà (lett.: al tempo del suo giacere).

וְתִדְעִין : cong. וּ + radice ידע "conoscere, sapere"; *P'al*; imperf.; 2 f. s.

תִּדְעִין (Dalman, § 69.5 [p. 310]) = saprai/conoscerai.

יַת אַתְרָא : particella dell'acc. יַת + sost. m. אֲתַר / אַתְרָא "luogo, posto" (cfr. 1,7.16) = il luogo.

דִידמוך תמן : pron. rel. דְּ + radice דמך "giacere, coricarsi" (verbo דְּמַך); P'al; imperf.; 3 m. s. יִדְמוּך (Tg a Is 5,27) + avv. di luogo תַּמָן "là" (cfr. 1,2) = che giacerà là (cioè: il luogo nel quale giacerà).

ותיעולי : cong. וְ + radice עלל "entrare, avvicinarsi"; P'al; imperf.; 2 f. s. תִּיעוֹלִי (per תִּיעֲלִין; cfr. Tg a 1Cr 1,13; cfr. anche Dalman § 71.7 [p. 330]) = e ti avvicinerai.

ותגליאי ית ריגלוי : cong. וְ (qui וּ) + radice גלי "rivelare, scoprire"; Pa'el; imperf.; 2 f. s.; תְּגַלִיאָי + יָת + sost. f. רְגַל / רִיגְלָא (TO; Dalman 398) "piede", al pl. (o duale), con suff. 3 m. s. רִיגְלוֹי (forma tipica di TJ; TO a Gen 29,1: רַגְלוֹהִי; anche in Dn 2,34) = e scoprirai i suoi piedi.

ותדמוכי : cong. וְ + radice דמך "giacere, coricarsi" (vedi sopra); P'al; imperf.; 2 f. s. תִּדְמוֹכִי (Dalman § 61.11 [p. 271]) = e ti coricherai.

ותהא שאילא : cong. וְ (qui וּ) + radice הוי "essere"; imperf.; 2 f. s. וּתְהֵא + radice שאל "chiedere, interrogare" (verbo שְׁאֵיל / שְׁאַל); P'al; part.; f. s. שָׁאֵילָא = chiederai (lett.: sarai chiedente).

מינה עיטא : cong. מִן con suff. 3 m. s. מִינֵיה (TO a Gen 2,17; AB מִנַּה) + sost. f. עִיטָא "consiglio" (cfr. 4,22; עֵטָה in Dn 2,14) = da lui consiglio.

והוא יחוי לך : cong. וְ "e" + הוא "egli" + verbo חוי "mostrare"; Pa'el; imperf.; 3 m. s. יְחַוֵי (AB יְחַוֶּה* con suff. 3 m. s. יְחַוִּנַּה; TO a Lv 5,1) + לְ con suff. 2 f. s. לִך (cfr. 3,1) = ed egli dirà a te.

בחכמתיה : prep. בְּ + sost. f. חָכְמָה (o חָכְמָה; חוּכְמָא in TO) / חָכְמְתָא (o חָכְמָתָא; חוּכְמְתָא in TO; cfr. Dalman 146; AB חֻכְמָה e חָכְמָתָא) "sapienza, saggezza", con suff. 3 m. s. חָכְמְתֵיה (Tg a 1Re 5,14) = nella sua saggezza.

ית די תעבדין : particella יָת seguita dal pron. rel. דִי "la cosa che, ciò che" + imperf. P'al 2 f. s. di עֲבַד "fare" תַּעְבְּדִין (תַּעַבְדִין in Dalman § 61.11 [p. 271]; TO a Gen 20,13) = che cosa farai/dovrai fare.

TARGUM: *"Affinché avvenga/e avverrà che, quando egli giacerà (lett.: nel tempo del suo giacere), e tu conosca/conoscerai il luogo nel quale giacerà, entrerai e scoprirai i suoi piedi e giacerai; chiederai a lui un consiglio ed egli mostrerà a te, nella sua saggezza, che cosa dovrai fare".*

TM: *"Affinché avvenga che, quando egli giacerà (lett.: nel suo giacere), tu conosca il luogo nel quale giacerà. Entrerai e scoprirai il luogo vicino ai suoi piedi e giacerai; egli dirà a te che cosa dovrai fare".*

3,5

וַאֲמַרַת לַהּ : = e disse (Rut) a lei.

כָּל דִי תֵימְרִין : l'espressione כָּל דִי significa "tutto ciò che" + radice אמר "dire, parlare"; *P'al*; imperf. 2 f. s. תֵּימְרִין (Tg a Ger 2,23; cfr. 3,11) = tutto ciò che dirai.

לִי : = לִי "a me" = a me.

אֶעֱבֵיד : radice עבד "fare"; imperf. *P'al* 1 s. אֶעֱבֵיד (TO a Gen 2,18; cfr. anche אֶעֱבֵיד in Dalman § 61.11 [p. 272]) = io farò.

TARGUM: *Disse (Rut) a lei: "Tutto ciò che dirai a me io farò".*

TM: *Disse (Rut) a lei: "Tutto ciò che dirai a me io farò".*

3,6

וּנְחַתַת לְאִידְרָא : perf. *P'al* 3 f. s. da נְחַת "scendere" (cfr. 3,3) + prep. לְ + sost. m. אִידַּר / אִידְרָא "aia" (cfr. 3,2) = e discese nell'aia.

וַעֲבַדַת : perf. *P'al* 3 f. s. da עֲבַד "fare" (TO a Gen 27,14) = e fece.

כְּכָל דִי פַּקְדַת : particella comparativa כְּ "come" + כָּל דִי "come tutto ciò che": כְּכָל דִי (cfr. 3,5) + perf. *Pa'el* 3 f. s. di פַּקֵד "ordinare, comandare" פַּקְדַת = tutto ciò che le aveva comandato.

חֲמוֹתַהּ : per חֲמוֹתַהּ cfr. 2,19.23 = la sua suocera.

TARGUM: *Discese nell'aia e fece come (tutto ciò che) le aveva comandato la sua suocera.*

TM: *Discese nell'aia e fece come (tutto ciò che) le aveva comandato la sua suocera.*

3,7

וַאֲכַל בּוֹעַז : radice אכל "mangiare"; perf. *P'al* 3 m. s. וַאֲכַל (TO a Gen 3,6) = mangiò Booz.

וּשְׁתָא : perf. *P'al* 3 m. s. dalla radice שתי "bere" (verbo שְׁתָא; cfr. 2,9) וּשְׁתָא (וּשְׁתִי in TO; AB 3 m. pl. אִשְׁתִיו con *Alef* prostetica) = e bevette.

וְאוֹטִיב לִיבֵּיהּ : verbo יְטַב "essere buono, essere bene" (cfr. 3,1); *Af'el* אוֹטִיב "fare del bene", ma anche "essere bene" (cfr. il *P'al* יִיטַב di 3,1) + sost. m. לִיבָּא / לֵיב (cfr. 2,13), con suff. 3 m. s. לִיבֵּיהּ (לִבֵּיהּ in TO a Gen 6,5)

= e fu bene il suo cuore (cioè: "si rallegrò il suo cuore").

ובריך שמא דיהוה : radice ברך "benedire"; *Pa'el*; perf.; 3 m. s. וּבָרֵיךְ (TO a Gen 1,22) + sost. m. שְׁמָא "nome" (cfr. 1,2) = e benedisse il nome di YHWH.

דקביל צלותיה : perf. *Pa'el* 3 m. s. da קְבַל "ricevere"; קַבֵּיל (TO a Gen 8,21) + sost. f. צְלִי / צְלוֹתָא "preghiera" (cfr. 1,6), con suff. 3 m. s. צְלוֹתֵיהּ (TO a Gen 25,21; cfr. 1,6) = che aveva accolto la sua preghiera.

ואעדי כפנא : radice עדי "passare" (verbo עֲדָא); *Af'el* "fare passare"; perf.; 3 m. s.; וְאַעֲדִי (o וְאַעֲדִי; TO a Gen 30,35) + sost. m. כַּפְנָא "fame, carestia" (cfr. 1,1) = e aveva fatto passare la carestia.

מן ארעא דישראל : prep. מִן "da" + sost. f. אַרְעָא "terra" (cfr. 1,1) + דְיִשְׂרָאֵל = dalla terra di Israele.

ואתא : perf. *P'al* 3 m. s. da אֲתָא "venire" (cfr. 2,4) וַאֲתָא = e venne.

לדמכא : sost. m. דְמִכָא (o דְמַכָא) "il giacere nel sonno" (cfr. 3,4); var. לְמִדְמַךְ inf. *P'al* di דְמַךְ "giacere" (Tg a Is 56,10) = a giacere/dormire.

בסטר ערימתא : sost. m. סְטַר / סִטְרָא "fianco, lato" (cfr. 2,14) in stato costr. בִּסְטַר + sost. f. עֲרִימְתָא "mucchio, cumulo" (Dalman 323; costr. עֲרִימַת in Tg a Ger 50,26) = a lato del mucchio (di orzo).

ועלת רות : perf. *P'al* 3 f. s. da עלל (verbo עַל) "venire, entrare" עַלַת (cfr. 2,3.18) + nome pr. f. רוּת "Rut" = venne/entrò Rut.

ברז : sost. m. רָז "segreto, nascosto" (AB רָזָא, רְזָה e pl. רָזִין); preceduto da בְּ ha valore avverbiale "in segreto, di nascosto" בְּרָז = in segreto/di nascosto (cioè: furtivamente).

וגליאת : perf. *Pa'el* 3 f. s. da גְלָא (cfr. 3,4) "scoprire, rivelare" וְגַלִּיאַת = e scoprì.

ריגלוי : sost. f. רְגַל / רִיגְלָא "piede" al pl. (o duale), con suff. 3 m. s. רִיגְלוֹי (cfr. 3,4) = i suoi piedi.

ודמכת : perf. *P'al* 3 f. s. da דְמַךְ "giacere" (vedi sopra) וּדְמַכַת (stessa forma in 3,14) = e giacque/si addormentò.

TARGUM: *Mangiò Booz e bevve e si rallegrò il suo cuore* e benedisse il nome di YHWH che aveva accolto la sua preghiera e aveva fatto passare la carestia dalla terra di Israele *e venne a giacere all'estremità del mucchio (di orzo); venne (Rut) furtivamente e scoprì* i suoi piedi *e giacque.*

TM: *Mangiò Booz e bevve e si rallegrò il suo cuore e venne a giacere all'estremità del mucchio (di orzo); venne (Rut) furtivamente e scoprì il luogo vicino ai suoi piedi e giacque.*

3,8

והוה : perf. *P'al* 3 m. s. di הוי (וַהֲוָה; cfr. 1,1) = e fu/avvenne (che).

בפלגות ליליא : prep. בְּ + sost. f. פַּלְגוּתָא "metà, mezzo" (Dalman 334), in stato costr. פַּלְגוּת (TO a Es 11,4) + sost. m. לֵילְיָא "notte" (cfr. 1,12; 3,2) = nel mezzo della notte.

ותוה גברא : perf. *P'al* 3 m. s. dalla radice תוי "rabbrividire, tremare, fremere" וּתְוַה (TO a Gen 27,33; AB וּתְוַה in Dn 3,24) + sost. m. גַּבְרָא "uomo" (cfr. 1,1) = rabbrividì/ebbe un sussulto l'uomo.

ורתת : verbo רְתַת "tremare, fremere" perf. *P'al* 3 m. s. וּרְתַת = e tremò.

ואתרכיך כליפתא בשריה : radice רכך "essere morbido"; *Itpa'al* "ammorbidirsi"; perf.; 3 m. s. וְאִתְרְכִיךְ (Dalman 404) + כְּ "come" + sost. m. לִיפְתָא "(cima di) rapa, verdura" (Jastrow 716; Dalman 219) + sost. m. בְּשַׂר (TO a Gen 41,2) / בִּשְׂרָא (בְּסְרָא TO), con suff. 3 m. s. בִּשְׂרֵיה (TO a Es 4,7) = e si ammorbidì come verdura la sua carne.

מן רתיתא : prep. מִן "da" + sost. m. רְתִיתָא "tremore" (TO a Es 15,15) = per il tremore.

וחזא אתתא : cong. וְ (qui וַ) "e" + perf. *P'al* 3 m. s. di חֲזָא "vedere" וַחֲזָא (cfr. 1,18) + sost. f. אִתְּתָא "donna" (cfr. 1,1) = e vide una/la donna.

דמכא כל קבל ריגלוי : la forma דְּמְכָא è part. att. *P'al* f. s. da דְּמַךְ "giacere" (Tg a 1Re 3,20; cfr. anche 3,4) + כָּל־קֳבֵל "di fronte, contro" (AB כָּל־קֳבֵל) + רִיגְלוֹי (cfr. 3,4) = che giaceva presso i suoi piedi.

וכבש יצריה : cong. וְ (qui וּ) "e" + כְּבַשׁ "conquistare, dominare"; *P'al*; perf.; 3 m. s. וּכְבַשׁ (TO a Nm 32,41.42) + sost. m. יִצְרָא "istinto, inclinazione" (TO a Gen 8,21), con suff. 3 m. s. יִצְרֵיה = dominò il suo istinto.

ולא קריב לותה : cong. + avv. וְלָא "e non" + verbo קְרֵיב "essere vicino, avvicinarsi"; *P'al*; perf.; 3 m. s. קְרֵיב (Dn 3,26 קְרֵב) + prep. לְוָת "presso, vicino", con suff. 3 f. s. לְוָתַה (TO a Gen 20,4) = e non si avvicinò ad essa.

היכמא דעבד : particella הֵיכְמָא con valore comparativo (Dalman 112), seguita da דְּ rel. "come" (lett.: "come ciò che"; cfr. כְּמָא דְּ in 1,8; 3,13) + perf. *P'al* 3 m. s. di עֲבַד (דַּעֲבַד; AB עֲבַד) = come fece/aveva fatto.

יוסף צדיקא : nome pr. m. יוֹסֵף "Giuseppe" + agg. צַדִּיקָא "giusto, pio" (cfr. 1,1; Tg a Ez 3,21) = Giuseppe il giusto/pio.

דסריב למקרב : pron. rel. דְּ + verbo סָרֵיב "rifiutare"; *Pa'el*; perf.; 3 m. s. דְּסָרֵיב (cfr. 1,8) + inf. *P'al* di קְרַב (vedi sopra) לְמִקְרַב (TO a Gen 20,6) = che rifiutò di avvicinarsi.

לות מצריתא : cong. לְוָת "presso, vicino" (vedi sopra) + agg. gent. f. מִצְרֵיתָא (TO) "Egiziana" (m. ass. מִצְרִי [TO a Es 2,11] / enf. מִצְרָאָה TO a

Gen 39,1) = all'Egiziana.

אתת ריבוניה : sost. f. אִתְּתָא "donna" (cfr. 1,1) in stato costr. אִתַּת (TO a Gen 7,13; Dalman 46) + sost. m. רִיבּוֹן "padrone, signore" (TO a Gen 45,8.9; Dalman 396: רְבוֹן / רִבּוֹנָא), con suff. 3 m. s. רִיבּוֹנֵיה (TO a Gen 24,9.10) = moglie del suo padrone.

היכמא דעבד : vedi sopra = come fece/aveva fatto.

פלטיאל בר ליש : nome pr. m. פַּלְטִיאֵל "Pelatiel/Paltiel" + sost. m. בַּר / בְּרָא "figlio" (cfr. 1,1), in stato costr. בַּר + nome pr. m. לֵישׁ "Laish" = Pelatiel/Paltiel figlio di Laish.

חסידא : agg. m. s. enf. חֲסִידָא = il pio.

דנעץ סיפא : pron. rel. דְ + verbo נְעַץ "infiggere, piantare", perf. P'al 3 m. s. דִּנְעַץ (var. דַּעֵץ TO a Gen 30,8; cfr. Dalman 102, perf. Pa'el) + sost. m. סֵיפָא (o סִיפָא) "spada" = che infisse la spada.

בין מימריה : prep. בֵּין "tra, fra" + sost. m. מֵימְרָא "parola, Memra" (cfr. 1,4.5), ma anche "persona" (Dalman 234), con suff. 3 m. s. מֵימְרֵיה "la sua persona" = fra la sua persona (= il suo corpo).

ובין מיכל : cong. + prep. וּבֵין "e tra" (vedi sopra) + nome pr. f. מִיכַל "Mical" = e fra Mical.

בת שאול : sost. f. בְּרַת / בְּרַתָּא, in stato costr. בַּת (cfr. 1,4) = figlia di Saul.

אתת דוד : per אִתַּת "donna/moglie di" vedi sopra + דָּוִד "Davide" = moglie di Davide.

דסריב : per דְּסָרֵיב cfr. sopra = che rifiutò.

למקרב לותה : verbo קְרַב "avvicinarsi, accostarsi"; inf. P'al לְמִקְרַב (vedi sopra) + לְוָת "presso, vicino", con suff. 3 f. s. לְוָתַה = di accostarsi a lei (cioè: alla quale rifiutò di accostarsi).

TARGUM: *E avvenne che, nel mezzo della notte, quell'uomo ebbe un sussulto e* tremò, e si ammorbidì come verdura la sua carne per il tremore e vide *una donna che giaceva* presso *i suoi piedi*, ma dominò il suo istinto e non si avvicinò ad essa come fece Giuseppe il giusto che rifiutò di avvicinarsi all'Egiziana, moglie del suo padrone, come fece Paltiel, figlio di Laish il pio, che infisse la spada fra la sua persona e fra Michal, figlia di Saul e moglie di Davide, alla quale rifiutò di accostarsi.

TM: *E avvenne che, nel mezzo della notte, quell'uomo ebbe un sussulto e palpò; ed ecco una donna che giaceva (presso) il luogo dei suoi piedi.*

3,9

ואמר : perf. *P'al* 3 m. s. וַאֲמַר "e disse" = e (Booz) disse.

מאן אנת : pron. interr. per le persone מַאן "chi" (AB מֶן, ad es. Esd 5,3.9) + pron. pers. 2 f. s. אַנְתְּ = chi sei tu?

ואמרת אנא רות : perf. *P'al* 3 f. s. di אֲמַר "dire" וַאֲמֶרֶת o וַאֲמַרֶת (cfr. 1,8) + pron. pers. 1 s. אֲנָא "io" + nome pr. f. רוּת = e (essa) disse: io sono Rut.

אמתך : sost. f. אַמְהָא / אַמְתָא "serva, ancella", con suff. 2 m. s. אַמְתָךְ (cfr. 2,13) = la tua serva.

ויתקרי שמך : imperf. *Itp'el* 3 m. s. di קְרָא "chiamare" יִתְקְרִי (Dn 5,12 יִתְקְרֵי; TO a Gen 2,23) + sost. m. שׁוֹם / שְׁמָא (cfr. 1,2), con suff. 2 m. s. שְׁמָךְ (Dalman 427) = e/ma sia chiamato/si chiami il tuo nome.

על אמתך : prep. עַל "su, sopra" + אַמְתָךְ "la tua serva" (vedi sopra) = sulla tua serva.

למסבי לאינתו : verbo נְסַב / נְסֵב "prendere"; inf. לְמִסַּב (cfr. 1,8: לְמֵיסַב) con suff. 1 s. לְמִסְבִּי "per prendermi" + לְ "come" + sost. f. אִינְתּוּ / אִינְתּוּתָא "matrimonio" (Dalman 27 אִנְתּוּתָא; cfr. 4,13) = per/(così da) prendermi in matrimonio.

ארום : cong. אֲרוּם "perché, poiché" (cfr. 1,1) = perché.

פריק אנת : sost. m. פָּרִיק (TO a Es 15,2) / פְּרִיקָא "riscattatore, vendicatore" (Dalman 348) + pron. pers. 2 m. s. אַנְתְּ "tu" = riscattatore tu sei.

TARGUM: *Egli disse: "Chi sei tu?"*. Essa rispose: *"Io sono Rut, la tua serva;* sia chiamato/si chiami il tuo nome *sulla tua serva* per prendermi in matrimonio *perché tu sei riscattatore"*.

TM: *Egli disse: "Chi sei tu?"*. *"Io sono Rut, la tua serva; tu potrai stendere le tue ali sulla tua serva perché tu sei riscattatore"*.

3,10

ואמר : perf. *P'al* 3 m. s. וַאֲמַר = e disse (Booz).

בריכה אנת : *P'al* part. pass. (cfr. 2,19) f. s. dal verbo בְּרַךְ "benedire" בְּרִיכָה "benedetta" (Dn 3,28 m. s. בְּרִיךְ) + pron. pers. 2 f. s. אַנְתְּ (cfr. 3,9) = benedetta (sei) tu.

מן קדם יהוה ברתי : prep. composta מִן קֳדָם "da" (lett.: "da davanti"; cfr. 2,12) + nome divino (cfr. 1,16) + sost. f. בְּרַת / בְּרַתָּא "figlia", con suff. 1 s. בְּרַתִּי (cfr. 2,2) = da davanti a Dio, o figlia mia.

אוטבת : perf. *Af'el* 2 f. s. dal verbo יְטַב "essere buono, essere bene".

All'*Af'el* significa "fare bene" (אוֹטֵבְתְּ; cfr. 3,1 e 3,7) = hai fatto bene.

טִיבוּתִיךְ בַתְרָאֵי : sost. f. טֵיבוּ / טֵיבוּתָא "misericordia, favore" (cfr. 1,9; 2,11), con suff. 2 f. s. טֵיבוּתִיךְ (TO a Gen 20,13) + agg. m. בַּתְרָאֵי "ultimo, secondo (di due), posteriore" (con valore avverbiale "in fine, alla fine"; Dalman 68 בָּתְרָי) = la tua misericordia ultima/seconda/finale.

מִן קַדְמָאֵי : prep. מִן che qui introduce il secondo termine di paragone "più di" + agg. num. ordinale m. קַדְמָאֵי "primo, precedente (di due)", con valore avverbiale "all'inizio" (Dalman 371 קַדְמָאֵי) = più della prima (cioè: hai reso la tua ultima/seconda misericordia migliore della prima).

קַדְמָאֵי דְּאִתְגַּירַת : avv. קַדְמָאֵי "prima, in primo luogo" (Dalman 371; è correlato al בַּתְרָאֵי che segue) + radice גור / גיר (cfr. 1,10); *Itpa'al* "convertirsi al giudaismo"; perf.; 2 f. s. אִתְגַּירַת = prima perché ti sei convertita.

וּבַתְרָאֵי דַּעֲבַדְתְּ גַּרְמִיךְ : avv. בַּתְרָאֵי "poi, in seguito" (forma incerta) + cong. דְּ (qui דַּ) con valore causale "perché" + עֲבַד "fare"; *P'al*; perf.; 2 f. s. עֲבַדְתְּ (TO a Gen 3,13.14; cfr. 2,11) + sost. m. גַּרְמָא "osso, se stesso", con suff. 2 f. s. גַּרְמִיךְ "te stessa" = e poi perché fai fatto (= hai reso) te stessa.

כְּאִתְּתָא דְּנַטְרָא : particella כְּ di valore comparativo "come" + אִתְּתָא "donna" (cfr. 1,1) + radice נטר "custodire"; *P'al*; part.; f. s. נָטְרָא (cfr. 1,13) = come una donna che custodisce.

יְבַם קְלִיל : sost. m. יְבַם "cognato" (cfr. 1,13) + agg. m. s. קְלִיל "piccolo" (cfr. 1,13) = un cognato piccolo.

עַד זְמַן : prep. עַד "fino" (qui in senso temporale) + sost. m. זְמַן o זְמָן (cfr. 2,21) = fino al tempo.

דִּירבֵי : cong. דְּ "che" + verbo רְבָא "crescere" (רְבָה in Dn 4,8); *P'al*; imperf.; 3 m. s. יְרְבֵּי (TO a Gen 38,11) = che sarà cresciuto.

בְּגִין דְּלָא לְמֵהַךְ : "piuttosto che (non)" (cfr. 2,11) + inf. *P'al* dalla radice הוך "andare" לְמֵהַךְ (Esd 7,13 לִמְהָךְ) = piuttosto che (non) andare.

בָּתַר רוֹבִין : prep. בָּתַר "dietro, dopo" (cfr. 1,13) + sost. m. רוֹבְיָא "ragazzo, giovane", al pl. רוֹבִין (Dalman 399) = dietro ai giovani.

לְמֶעֱבַד זְנוּ עִמְהוֹן : inf. *P'al* לְמֶעֱבַד o לְמֶעֱבַד (da עֲבַד; cfr. 2,19 e anche Esd 4,22: לְמֶעֱבַד) + sost. f. זְנוּ (Tg a Sal 127,2) / זְנוּתָא (Tg a Os 4,11) "prostituzione, fornicazione" in stato ass. זְנוּ + prep. עִם "con, insieme", con suff. 3 m. pl. עִמְהוֹן (TO a Gen 7,13) = a fare prostituzione con essi.

אִם מִסְכֵּן : cong. אִם correlata al וְאִם seguente "sia… sia" + agg. מִסְכֵּן "povero" (TO a Es 30,15: מִסְכֵּין) = sia povero.

וְאִם עַתִּיר : cong. וְ con valore disgiuntivo "o, oppure" + agg. עַתִּיר "ricco" (TO a Es 30,15) = o sia ricco.

TARGUM: *Disse (Booz): "Benedetta (sei) tu davanti a YHWH, o figlia mia; hai reso la tua ultima misericordia migliore della prima (lett.: hai fatto bene la tua misericordia ultima più della prima);* in primo luogo perché ti sei convertita, poi perché hai reso te stessa come una donna che custodisce un cognato piccolo fino al tempo che sarà cresciuto, piuttosto che *andare dietro ai giovani* a fare prostituzione con essi, *sia povero, sia ricco"*.

TM: *Disse (Booz): "Benedetta (sei) tu da YHWH, o figlia mia; hai reso la tua ultima misericordia migliore della prima (lett.: hai fatto bene la tua misericordia ultima più della prima), senza andare dietro ai giovani, sia povero, sia ricco"*.

3,11

וכען ברתי : cong. + avv. וּכְעַן "e ora" (cfr. 3,2) + sost. f. בְּרַתָּא / בְּרַת "fi-glia" (cfr. 1,4), con suff. 1 s. בְּרַתִּי (cfr. 2,2.22) = ora, o figlia mia.

לא תדחלין : avv. di negazione לָא + imperf. *P'al* 2 f. s. di דְּחֵל "temere" (AB part. pass. דְּחִיל) תִּדְחֲלִין (TO a Gen 21,17) = non temere.

כל די תימר לי : pron. כָּל דִּ "tutto ciò che" + imperf. *P'al* 2 m. (e f.) s. di אֲמַר "parlare, dire" תֵּימַר (cfr. 3,5 dove abbiamo la stessa frase con il verbo alla 2 f. s. תֵּימְרִין) + לִי "a me" = tutto ciò che dirai a me.

אעביד ליך : imperf. *P'al* 1 s. di עֲבַד "fare" (אֲעֲבֵיד; cfr. 3,5) + לְ con suff. 2 f. s. לִיךְ (TO a Gen 20,16) = farò a te.

ארום גלי : cong. אֲרוּם (TN e TJ; TO אֲרֵי) di valore causale "perché" + part. pass. *P'al* m. s. dalla radice גלי "rivelare, mostrare" (גְּלֵי; TO a Gen 3,5; oppure perf. *P'il* 3 m. s. (AB גְּלֵי e גַּלִּי) = infatti è conosciuto/noto (oppure: è stato rivelato).

קדם כל יתבי תרע : prep. קֳדָם "davanti" + כָּל "tutto, ogni" + radice יתב "sedere"; *P'al*; part. att.; pl. m. costr. יָתְבֵי (TO a Gen 36,20) + sost. m. תְּרַע (Dn 2,49) / תַּרְעָא (TO a Gen 19,6) "porta" = davanti a tutti i sedenti della porta (cioè: davanti a tutti coloro che siedono alla porta).

סנהדרין רבא : sost. (f.) s. סַנְהֶדְרִין (o סַנְהֶדְרִי; Dalman 295) "sinedrio" + agg. רַב / רַבָּא "grande" = il grande sinedrio.

דעמי : particella דִּ con valore genitivale "di" + sost. m. עַמָּא "popolo" (cfr. 2,6), con suff. 1 s. עַמִּי (Tg a Is 40,1) = del mio popolo.

ארום איתתא צדיקתא אנת : cong. אֲרוּם con valore dichiarativo "che" + sost. f. אִיתְּתָא "donna" (cfr. 1,1) + agg. f. s. צַדִּיקְתָא "giusta, pia" (Jastrow 1262; m. צַדִּיקָא in 1,1) + pron. pers. 2 f. s. אַנְתְּ "tu" (cfr. 3,9.10) = che una donna giusta/pia tu (sei).

וְאִית בִּיך חֵילָא : cong וְ "e" + particella אִית "c'è" (cfr. 1,11) + prep. בְּ con suff. 2 f. s. בִּיך (cfr. 2,9) + sost. m. חֵילָא "forza, vigore, valore" (TO a Gen 31,29; AB חֵיל; costr. חֵיל) = e in te c'è forza.

לְסוֹבָרָא נִיר : prep. לְ + inf. *Po'el* di סוֹבַר "sollevare, portare" לְסוֹבָרָא (cfr. 2,18; TO a Gen 36,7) + sost. m. נִיר (TO a Lv 26,13) / נִירָא (TO a Nm 19,2) "giogo" in stato costr. נִיר = per portare il giogo di.

פִּיקוּדַיָא דַיהוה : sost. m. pl. פִּיקוּדַיָא (s. פִּיקוּדָא; Dalman 343 פִּקוּדָא) = i comandamenti di YHWH.

TARGUM: *"E ora, o figlia mia, non temere; tutto ciò che dirai a me farò a te, perché/infatti è noto a tutti coloro che siedono alla porta, il grande sinedrio del mio popolo, che tu sei una donna giusta, e in te c'è la forza di portare il giogo dei comandamenti di YHWH".*

TM: *"E ora, o figlia mia, non temere; tutto ciò che dirai farò a te, perché conosce tutta (l'assemblea del)la porta del mio popolo che tu sei una donna di valore".*

3,12

וכען : per וּכְעַן cfr. 3,11 = e ora.

ארום בקושטא : cong. אֲרוּם correlata al seguente אֲרוּם "ecco... che" + sost. m. קְשׁוֹט (TO a Gen 24,49; AB קְשׁט) / קוּשְׁטָא (TO a Gen 18,25) "verità, giustizia" = in verità/veramente.

ארום פריק אנא : cong. אֲרוּם (vedi sopra) + sost. m. פְּרִיק "riscattatore" (cfr. 3,9) + pron. pers. 1 s. אֲנָא "io" = che riscattatore io (sono).

ואף אית : cong. (וְ + אַף) וְאַף "ma anche" + particella אִית "c'è" (cfr. 1,11) = ma però/anche c'è.

פריק אוחרן : per פְּרִיק vedi sopra + agg. אוּחְרָן "altro, diverso" (cfr. 1,14; 2,8.22; TO: אָחֳרָן, אוּחְרָן e אֲחֳרָן) = un altro riscattatore.

דחזי ליה למפרק : pron. rel. דְ "che" + radice חזי "vedere"; *P'al*; part. att. חֲזֵי (o pass. חֲזֵי) "è adatto, appropriato" + לֵיהּ "per lui" (TO a Nm 9,3.14; cfr. anche il v. seguente) + radice פרק "riscattare"; inf. לְמִפְרַק (TO a Dt 20,4; var. לְמִפְרְקֵיך, cfr. Dalman, § 78.4 [p. 378]) = che è (pre)visto per lui di riscattare (il quale ha diritto di riscattare).

יתר מני : avv. יַתֵּר (cfr. 1,13 dove c'è יוֹתֵר) "più, di più" che rinforza il מִן seguente (cfr. 3,10) + מִן che introduce il secondo termine di paragone, con suff. 1 s. מִנִּי (AB מִנִּי) "più di me" = più di me.

TARGUM: *"E ora ecco in verità che io (sono) riscattatore, ma c'è anche un altro riscattatore il quale ha il diritto di riscattare più di me"*.

TM: *"E ora in verità io (sono) riscattatore, ma c'è anche un riscattatore più prossimo di me"*.

3,13

ביתי בליליא : imperat. *P'al* 2 f. s. dalla radice בית / בות (verbo בֵּית; Dalman 54) "alloggiare, passare la notte" בֵּיתִי + sost. m. לֵילְיָא "notte" (cfr. 3,8) בְּלֵילְיָא = passa la notte.

ויהא בצפרא : cong. וְ (qui וְ) "e" + verbo הֲוָא / הֲוָה "essere, avvenire" וִיהֵי / וִיהֵא in TO a Gen 1,6) + sost. m. צַפְרָא / צְפַר (cfr. 2,7) "alba, mattino" בְּצַפְרָא = e avverrà (che) al mattino.

אם יפרקיך : cong. אִם di valore condizionale "se" + imperf. *P'al* 3 m. s. da פְּרַק "riscattare" (יִפְרוֹק), con suff. 2 f. s. יִפְרְקִיך (var. יִפְרְקִינִיך; Dalman § 76.5 [p. 370]) = se ti riscatterà.

גברא דחזי ליה : sost. m. גַּבְרָא "l'uomo" + דְּחָזֵי לֵיה (oppure דַּחֲזֵי לֵיה; cfr. v. precedente) = l'uomo a cui spetta.

למפרקיך : verbo פְּרַק "riscattare" (vedi sopra); inf. *P'al* לְמִפְרַק (cfr. 3,12), con suff. 2 f. s. לְמִפְרְקִיך (Dalman § 78.4 [p. 378]) = riscattarti.

מן אוריתא : prep. מִן "da" + sost. f. אוֹרַיְתָא "Legge, Torah" (Dalman 11) = dalla Legge (cioè: secondo la Legge).

הרי טב : cong. הֲרֵי "ecco, allora" (forma ebraica per אֲרֵי) + agg. e avv. טָב "buono, bene" = allora bene.

ויפרוק לחיי : imperf. *P'al* 3 m. s. da פְּרַק (cfr. sopra) וְיִפְרוֹק (TO a Lv 25,25) + sost. m. (o agg.) חַיָּא "vita" (oppure "vivo"), nell'espressione idiomatica לְחַיֵי "per (sua) fortuna" (Glück zu! Dalman 144) = (ti) riscatti/riscatterà per (sua) fortuna.

ואם לא צבי : cong. וְאִם "e se, ma se" + avv. di negazione לָא "non" + part. att. *P'al* m. s. dalla radice צבי "volere, desiderare" (cfr. 1,18) צָבֵי (TO a Nm 11,8) = e se poi non vorrà/desidererà.

למפרקיך : לְ + inf. *P'al* di פְּרַק, con suff. 2 f. s. לְמִפְרְקִיך (cfr. sopra) = riscattarti.

ואפרוקיניך אנא : cong. וְ "allora" + imperf. *P'al* 1 s. di פְּרַק (cfr. sopra), con suff. 2 f. s. אִפְרוֹקִינִיך (ma vedi Dalman § 76.5 [p. 372]: אֶפְרְקִינִיך) +

pron. pers. 1 s. אֲנָא "io" = allora ti riscatterò io.

אמרית בשבועה : verbo אֲמַר "dire"; perf. 1 s. אֲמָרִית + sost. f. שְׁבוּעָה "giura-mento" (בִּשְׁבוּעָה; cfr. 3,1 e TO a Es 17,16) = lo dico/dissi con giuramento.

קדם יהוה : prep. קֳדָם "davanti" = davanti a YHWH.

כמא דמלילית ליך : cong. כְּמָא דְ di valore comparativo "come" (lett.: "come che"; correlata al כְּדֵין "così" che segue) + radice מלל "parlare, dire"; *Pa'el*; perf. 1 s. מַלֵילִית (Dalman § 71.7 [p. 332]) + לְ, con suff. 2 f. s. לִיךְ = come ho parlato/detto a te.

כדין אעביד : avv. כְּדֵין "così" (lett.: "come questo") + verbo עֲבַד; imperf. 1 s. אַעֲבֵיד "farò" (cfr. 3,5) = così farò.

דמוכי : imperat. *P'al* 2 f. s. da דְּמַךְ "giacere, coricarsi" (cfr. 3,4) דְּמוּכִי (Dalman § 62.6 [p. 276]) = giaci.

עד עידן צפרא : עַד עִידָן "fino al tempo di" (cfr. 3,4) + sost. m. צַפְרָא "mattino" (cfr. 2,7) = fino al tempo del mattino.

TARGUM: *"Alloggia questa notte, e avverrà al mattino (che), se riscatterà l'uomo a cui spetta riscattarti secondo la Legge, allora bene, (ti) riscatti per (sua) fortuna, ma se non vorrà riscattarti, allora ti riscatterò io.* Lo dico con giuramento davanti a *YHWH; come ho parlato a te, così farò. Giaci fino al tempo del mattino".*

TM: *"Giaci questa notte, e avverrà al mattino che, se ti riscatterà, bene, (ti) riscatti, ma se non vorrà riscattarti, allora ti riscatterò io; per la vita di YHWH! Giaci fino al mattino".*

3,14

ודמכת : perf. *P'al* 3 f. s. da דְּמַךְ "giacere, coricarsi" וּדְמַכַת (stessa forma in 3,7) = e (essa) giacque.

מלקביל ריגלוי : prep. composta מִלָּקֳבֵיל "presso, di fronte" (מִן + לְ + קֳבֵיל; AB לְקֳבֵל); + רִיגְלוֹי "i suoi piedi" (cfr. 3,4) = presso i suoi piedi.

עד צפרא : cong. עַד "fino" + sost. m. צַפְרָא "mattino, alba" (cfr. 3,13) = fino all'alba.

וקמת : perf. *P'al* 3 f. s. dalla radice קום (verbo קָם) "alzarsi, levarsi" וְקָמַת (cfr. 1,6; 2,7) = e si alzò.

בקריצתא : prep. בְּ (qui = בְּ) + קְרִיצְתָא (Jastrow 1421; ass. קְרִיצָא) "alba, far del giorno" (cfr. 3,16) = all'alba.

עד לא אשתמודע גבר : cong. עַד + לָא "quando (ancora) non" + perf.

Ištafʿal 3 m. s. אִשְׁתְּמוֹדַע "era conosciuto", ma anche "conosceva" (cfr. 2,11) + sost. m. גְּבַר / גַּבְרָא "uomo, persona" (nel senso di pron. indefinito "uno, qualcuno"; preceduto da לָא significa "nessuno") = quando ancora (ness)uno riconoscesse/potesse riconoscere.

ית חבריה : particella dell'acc. יָת + sost. m. חַבְרָא "compagno, amico" (qui usato come correlativo di גְּבַר nel senso di "altro"), con suff. 3 m. s. חַבְרֵיה (TO a Gen 11,7; AB pl. con suff. 3 m. s. חַבְרוֹהִי) = il suo compagno (cioè: prima che ci si potesse riconoscere l'un l'altro).

מן קדם חשוכא : prep. composta מִן קֳדָם "di fronte" (qui in senso causale: "a motivo di, a causa di"; cfr. 3,10) + sost. m. חֲשׁוֹךְ (Tg a Is 45,3) / חֲשׁוֹכָא (Dn 2,22) "tenebra, buio" = da davanti alla tenebra (= a motivo della tenebra).

ואמר לעולמוי : per עוּלְמוֹי cfr. עוּלֵימוֹהִי in Tg a 2Sam 13,28 (per il pl. vedi anche 2,9) = e (egli) disse ai suoi servi.

לא אישתמודע לגבר : avv. di negazione לָא "non" + perf. אִישְׁתְּמוֹדַע (vedi sopra; var. imperf. יִשְׁתְּמוֹדַע) *Ištafʿal* 3 m. s. dalla radice ידע + sost. m. גְּבַר nel senso di pron. indefinito "nessuno" (vedi sopra) = non è stato conosciuto/non sia conosciuto da nessuno (cioè: che nessuno sappia).

ארום אתת : cong. אֲרוּם con valore dichiarativo "che" + perf. *Pʿal* 3 f. s. di אֲתָא "venire" אֲתָת (cfr. 2,7) = che è venuta.

אתתא : sost. f. אִתְּתָא "donna" (cfr. 1,1) = una donna (oppure: la donna).

לאדרא : sost. m. אִדְּרָא / אַדַּר "aia" (cfr. 3,2) = nell'aia.

TARGUM: *Essa giacque* presso *i suoi piedi fino all'*alba *e si alzò* sul far del giorno *prima che ci si potesse riconoscere l'un l'altro* a motivo della tenebra. *Disse* ai suoi servi: *"Non si sappia che la donna è venuta nell'aia"*.

TM: *Essa giacque al luogo dei suoi piedi fino al mattino e si alzò prima che ci si potesse riconoscere l'un l'altro. Disse Booz: "Non si sappia che la donna è venuta nell'aia"*.

3,15

ואמר : = e disse (a lei Booz).

הבי : imperat. *Pʿal* 2 f. s. da יְהַב "dare, porgere" הַבִי (TO a Gen 30,14) = dà/porgi.

סודרא די עלייך : sost. m. סוּדְרָא "mantello, coperta" (dal greco; cfr. Dalman 284) + pron. rel. דִי "che" + prep. עַל, con suff. 2 f. s. עֲלָיִךְ "su di te" = il tuo mantello.

ואחידי בה : radice אחד "stringere, tenere stretto" (ebraico אחז); *P'al*; imperat.; 2 f. s. אֲחִידִי + prep. בְּ (retta dal verbo), con suff. 3 m. s. בֵּהּ = e tienilo stretto.

ואחידת בה : perf. *P'al* 3 f. s. da אֲחַד (vedi sopra) אֲחִידַת (o אֲחִידַת; Tg a Sal 119,53; TO a Es 15,14 con suff.) = e (essa) lo tenne stretto.

וכל : perf. *P'al* 3 m. s. da כָּל (radice כול) "misurare" וְכָל = e (egli) misurò.

שית סאין דסעורין : agg. num. f. שֵׁית "sei" (così in TO; AB שֵׁת e שֵׁת) + sost. f. סָאָה / סָתָא (o סָאתָא) "misura per cereali, seah" (cfr. 2,17), al pl. ass. סָאִין (dopo num.) + דְּ (qui דְ) con valore genitivale "di" + sost. f. סְעוֹרְתָא (Dalman 297 סְעָרְתָא) "orzo", al pl. סְעוֹרִין (cfr. 1,22 e 2,17) = sei misure d'orzo.

ושוי עלהא : perf. *Pa'el* 3 m. s. dalla radice שוי "porre, mettere": וְשַׁוִּי (TO a Gen 24,9) + עַל "su, sopra", con suff. 3 f. s. עֲלַהָא (TO עֲלַהּ) = e (le) sollevò su di essa.

ואיתי לה כח : perf. *Af'el* 3 m. s. da אָתָא "venire" (אַיְתִי "fece venire"; var. *P'al* וַאֲתָא "e venne"; var. *Itp'el* da יְהַב "dare, porgere": וְאִיתְיְהֵיב "fu data"; cfr. TO a Es 4,25) + לַהּ "a lei" + sost. m. כֹּחַ (Tg a Ct 1,9) / כּוֹחָא (ebraico כֹּחַ) "forza" = e portò (1var. "venne"; 2var. "fu data") ad essa forza.

מן קדם יהוה : prep. composta מִן קֳדָם + nome di Dio = da davanti a YHWH.

לסוברותהון : inf. *Po'el* dalla radice סבר, con suff. 3 m. pl. (לְסוֹבְרוּתְהוֹן; var. לְסוֹבָרָא יָתְהוֹן) = per sorreggerle/portarle (il suff. si riferisce alle sei misure d'orzo).

ומן יד איתאמר בנבואה : l'espressione מִן יַד (anche מִן־יַד e מִיַּד) significa "subito, in quel momento" (Dalman 180) + perf. *Itp'el* 3 m. s. da אֲמַר (אִיתְאֲמַר come in 2,11) + sost. f. נְבוּאָה "profezia" (בִּנְבוּאָה come in 2,11) = in quel momento fu annunciato in profezia (= per mezzo di una profezia).

דעתידין למיפק מינה : per la costruzione עֲתִיד + inf. di נְפַק (לְמֵיפַּק; TO a Gen 4,10) cfr. 2,11: עֲתִידִין לְמֵיפַּק "stavano per uscire" + מִנַּהּ "da lei" = che stavano per uscire (oppure: sarebbero usciti) da lei.

שיתא צדיקי עלמא : num. m. שִׁיתָא "sei" (per il f. שֵׁית vedi sopra) + agg. e sost. m. צַדִּיקָא "giusto, pio" (cfr. 1,1), al pl. costr. צַדִּיקֵי (Tg a Ez 13,9) + sost. m. עָלַם (TO a Gen 3,22) / עָלְמָא (TO a Gen 3,22) "mondo, eternità" = sei giusti del mondo.

דכל חד וחד : דְּכָל "che ogni" + num. m. חַד וְחַד "uno e uno" = che ognuno di essi (lett.: ogni uno e uno).

עתיד למהוי מתברך : per עֲתִיד seguito da inf. vedi sopra e cfr. 2,11 (per לְמִהֱוֵי cfr. 1,1) + part. *Itpa'al* m. s. da בְּרַךְ "benedire" מְתְבָּרַךְ "benedetto" = sarebbe stato benedetto.

בשית בירכן : prep. בְּ retta dal verbo + agg. num. f. שִׁית "sei" (vedi sopra) + sost. f. בִּירְכְתָא (Dalman 66), al pl. ass. בִּירְכָן (TO a Gen 49,25) = con sei benedizioni.

דוד ודניאל וחברוהי : nome pr. m. דָּוִד + nome pr. m. דָּנִיֵּאל + חַבְרוֹהִי "i suoi compagni" (חַבְרוֹהִי in Dn 2,13) = Davide, Daniele e i suoi compagni.

ומלכא משיחא : וְ (qui ו) + sost. m. מַלְכָּא "re" + sost. m. מְשִׁיחָא "messia, unto" (TO a Gen 49,10) = e il re messia.

ועל בועז לקרתא : perf. *P'al* 3 m. s. di עַל "venire, entrare" (radice עלל; cfr. 1,19) + prep. לְ "verso, in direzione" + sost. f. קַרְתָּא "città" (cfr. 1,19) = e Booz venne/entrò in città.

TARGUM: *Egli disse: "Porgi il mantello che è su di te e tienilo stretto", ed essa lo tenne stretto. Egli misurò sei (misure) d'orzo e (le) pose su di lei, e portò/venne a lei forza da YHWH per sorreggerlo; e subito fu annunciato in profezia che sarebbero usciti da lei sei giusti del mondo, e ognuno di essi sarebbe stato benedetto con sei benedizioni: Davide, Daniele e i suoi compagni, e il re messia;* poi (Booz) ritornò in città.

TM: *Egli disse: "Porgi il mantello che è su di te e tienilo stretto", ed essa lo tenne stretto. Egli misurò sei (misure) d'orzo e (le) pose su di lei, poi (Booz) ritornò in città.*

3,16

ואתת : perf. *P'al* 3 f. s. di אֲתָא (radice אתי; cfr. 2,7) "venire, arrivare" וַאֲתָת = e (Rut) venne.

לות חמותה : per לְוָת חֲמוֹתַהּ cfr. 1,14 = dalla sua suocera.

בקריצתא : per בִּקְרִיצְתָא "all'alba, al far del giorno" cfr. 3,14 = al far del giorno.

ואמרת : perf. *P'al* 3 f. s. da אֲמַר "dire" וַאֲמַרת (cfr. 1,11) = e disse (Noemi).

מן אנת ברתי : pron. interr. per le persone מַן "chi?" (cfr. 3,9 מָאן) + pron. pers. 2 f. s. אַנְתְּ "tu" + sost. f. בְּרַת / בְּרַתָּא "figlia", con suff. 1 s. בְּרַתִּי (cfr. 2,2) = chi (sei) tu, o figlia mia?

וחויאת לה : radice חוי "mostrare, riferire"; *Pa'el*; perf.; 3 f. s. חַוִּיאַת (Dalman § 72.10 [p. 342]; TO a Gen 24,28) + לַהּ "a lei" = e mostrò/riferì a lei.

ית כל מה : יָת כָּל מָה = tutto ciò.

דעבד לה גברא : דַּעֲבַד "che aveva fatto" = che aveva fatto a lei (quel) l'uomo.

על פום מימר : sost. m. פּוּמָא (o פֻּמָּא; cfr. Dalman 337) "bocca", in stato costr. פֻּם; l'espressione עַל פֻּם significa "secondo, in accordo" (lett.: "sulla bocca") + sost. m. מֵימַר "parola" (cfr. 2,11) = secondo la parola.

מן קדם נבואה : per il sost. f. נְבוּאָה "profezia" cfr. 3,15 = dalla profezia (cioè: secondo la profezia).

דאתגליאת ליה : radice גלי "rivelare"; *Itp'el*; perf.; 3 f. s. אִתְגְּלִיאַת (Dalman § 72.10 [p. 342]) + לֵיהּ "a lui" = che era stata rivelata a lui.

עבד לה : עֲבַד לַהּ = fece/aveva fatto a lei (= aveva agito con lei).

TARGUM: *(Rut) venne da sua suocera e disse (Noemi): "Chi sei, figlia mia?". Essa le riferì tutto ciò che (quel)l'uomo le aveva fatto.* Secondo la profezia che era stata a lui rivelata egli aveva agito con lei.

TM: *(Rut) ritornò da sua suocera e disse (Noemi): "Chi sei, figlia mia?". Essa le riferì tutto ciò che (quel)l'uomo le aveva fatto.*

3,17

ואמרת : perf. *P'al* 3 f. s. di אֲמַר "dire" וַאֲמַרַת (cfr. 3,16) = e disse (Rut).

שית סאין דסעורין האלין : per שֵׁית סָאִין דְּסְעוֹרִין "sei misure di orzo" cfr. 3,15 + pron. dimostr. pl. c. הָאֵלֵּין "queste" (TO a Gen 15,1) = queste sei misure d'orzo.

יהב לי גברא : verbo יְהַב "dare" (cfr. 3,15) = mi ha dato (quel)l'uomo.

ארום אמר לי : אֲרוּם אֲמַר לִי = ecco/che mi ha detto.

לא תהכין : avv. לָא + imperf. *P'al* 2 f. s. di הוך "andare" תְּהָכִין (cfr. 2,8) = non andare.

ריקניא : agg. f. s. רֵיקָנְיָא "vuota" (o רֵיקַנְיָא; cfr. 1,21; m. רֵיקָן / רֵיקָנָא; Dalman 403) = vuota (cioè: a mani vuote).

לות חמותיך : לְוָת חֲמוֹתִיךְ (חֲמוֹתִיךְ anche in 2,11) = da tua suocera.

TARGUM: *Disse (Rut): "Mi ha dato queste sei misure di orzo dicendomi: "Non andare a mani vuote da tua suocera"".*

TM: *Disse (Rut): "Mi ha dato queste sei (misure) di orzo dicendomi: "Non andare a mani vuote da tua suocera""*.

3,18

ואמרת : per וַאֲמַרָת cfr. inizio del v. precedente = disse (Noemi).

תבי ברתי : imperat. *P'al* 2 f. s. di יְתֵב (cfr. 1,4) תִּיבִי תִּיבִי in TO a Gen 38,11; Dalman § 69.5 [p. 310]) + בְּרַתִּי "o figlia mia" (cfr. 3,16) = siedi, o figlia mia.

עמי בביתא : עִמִּי "con me" + sost. m. בַּיְתָא o בֵּיתָא (Dalman 55; cfr. 1,8) בְּבֵיתָא (o בְּבַיְתָא) "in casa, nella casa" = con me in casa.

עד זמן דתדעין : עַד זְמַן דְּ "fino al tempo che" cfr. 3,1 e 2,21 + imperf. *P'al* 2 f. s. di יְדַע "sapere, conoscere" תֵּדְעִין (cfr. 3,4) = fino a quando saprai.

אכדין יתגזר : particella di valore interrogativo אֱכְדֵין "come? in che modo?" (Dalman 15: אֵיכְדֵין) + radice גזר "tagliare, decidere"; *Itp'el*; imperf.; 3 m. s. יִתְגְּזַר (TO a Lv 12,3; cfr. 1,1) = come sarà deciso.

מן שמיא : prep. מִן + sost. m. *pl. tantum* שְׁמַיָּא (cfr. 1,1) = dal cielo.

ואכדין יתפריש : per אֱכְדֵין vedi sopra + radice פרש "dividere, separare" (cfr. 1,17); *Itp'el* o *Itpa'al* o *Ittaf'al* "essere specificato, essere interpretato"; imperf.; 3 m. s. יִתְפְּרִישׁ (o *Itpa'al* יִתְפָּרַשׁ; o *Ittaf'al* יִתַּפְרַשׁ; cfr. Dalman 353-354 e anche § 61.11 [p. 270]) = e come sarà interpretata/decisa.

פתגם : sost. m. פִּתְגָם "parola, cosa, questione" (cfr. 1,1) = la parola/ questione.

ארום לא ינוח גברא : cong. אֲרוּם con valore causale + לָא "non" (correlato al seguente אֲרוּם o אֵילָהֵין "se non") + radice נוח "riposare"; *P'al*; imperf.; 3 m. s. יְנוּח (TO a Nm 24,9) = perché non si darà pace/riposo (quel)l'uomo.

אילהין : cong. אֵילָהֵין (cfr. 1,1; var. אֲרוּם) = se non.

ישיצי לטב : verbo שֵׁיצֵי "terminare, finire, completare" (cfr. 2,21); *Šaf'el*; imperf.; 3 m. s. יְשֵׁיצֵי (TO a Gen 41,30) + prep. לְ seguita dall'agg. m. e avv. טָב "buono, bene" = finirà in bene (cioè: farà riuscire).

פתגמא : sost. m. פִּתְגָם / פִּתְגָמָא "parola, cosa, questione" (vedi sopra e cfr. 1,1) = la cosa.

יומא דין : cfr. 2,19 = quest'oggi (lett.: questo giorno).

TARGUM: *Disse (Noemi): "Siedi, o figlia mia,* con me in casa *fino* al tempo in cui *saprai come* sarà deciso dal cielo e come sarà interpretata *la cosa, perché non si darà pace (quel)l'uomo se non* farà riuscire *la cosa quest'oggi"*.

TM: *Disse (Noemi): "Siedi, o figlia mia, fino a quando saprai come andrà a finire la cosa, perché non si darà pace (quel)l'uomo se non avrà completato la cosa quest'oggi"*.

Capitolo quarto

4,1

סְלֵיק וּבוֹעַז סְלֵיק : cong. וֹ (qui וּ davanti a בֿ) + perf. *P'al* 3 m. s. dal verbo סְלֵיק "salire" = e Booz salì.

תְּרַע לתרע בית דינא : prep. לֿ + sost. m. תְּרַע / תַּרְעָא "porta", in stato costr. תְּרַע (cfr. 3,11) + בֵּית דִינָא "tribunale" (lett.: casa del giudizio) = alla porta del tribunale.

דסנהדרין : sost. f. סַנְהֶדְרִין "sinedrio" (cfr. 3,11) = del sinedrio (cioè: alla porta del sinedrio).

ויתיב תמן : perf. *P'al* 3 m. s. di יְתִיב "sedere" וִיתֵיב (AB יְתֵב; cfr. 1,4 e 3,11) + avv. di luogo תַּמָּן "là" = e sedette là.

עם סביא : prep. עִם "con" + agg. e sost. m. סָבָא / סָב "anziano, avo" al pl. m. סָבַיָּא (TO a Es 24,14; AB שָׁבַיָּא in Esd 5,9) = con gli anziani.

והא פריקא חלף : cong. + interiezione וְהָא "ed ecco" + sost. m. פְּרִיקָא "vendicatore, riscattatore" (cfr. Dalman *ad vocem* e פָּרוֹקָא in 2,20 e 4,3) + part. *P'al* m. s. di חֲלַף "passare, attraversare": חָלֵף = ed ecco il riscattatore passava.

דמליל בועז לרות : pron. rel. דֿ "che" + perf. *Pa'el* 3 m. s. da מַלֵּיל "parlare, dire" (TO מַלֵּיל; מַלֵּל in Dn 6,22) = che (cioè: colui del quale) aveva parlato Booz a Rut.

ואמר : וַאֲמַר = e disse (Booz a lui).

סטי תיב הכא : imperat. *P'al* 2 m. s. di סְטָא (radice סטי; vedi sotto) "farsi da parte, deviare" סְטִי (oppure סְטֵי; Tg a Sal 37,27) + imperat. *P'al* 2 m. s. di יְתֵיב "sedere" (vedi sopra) תֵּיב (ad es. TO a Gen 35,1; costruito asindeticamente) + avv. di luogo הָכָא "qui" (AB הָא "ecco" e כָּה "qui") = fatti da parte, siedi qui.

גבר דצניען אורחתיה : sost. m. ass. גְּבַר "uomo" (cfr. 1,1) + agg. צְנִיעַ "nascosto, segreto" (part. pass. di צְנַע), f. pl. צְנִיעָן "segrete" + sost. f. אוֹרְחָא "strada, via", al pl. אוֹרְחָתָא, con suff. 3 m. s. אוֹרְחָתֵיהּ (TO a Dt 32,4; אָרְחָתֵהּ in Dn 4,34) = uomo che sono segrete le sue strade (cioè: le cui strade sono segrete).

וסטא : וּסְטָא "e si fece da parte" (vedi sopra) = e si fece da parte.

ויתיב : per וִיתֵיב vedi sopra e TO a Gen 4,16 = e sedette.

TARGUM: *Booz salì alla porta* del tribunale, cioè il sinedrio, *e sedette là* con gli anziani, *ed ecco passava il riscattatore del quale aveva parlato Booz* a Rut *e disse: "Fatti da parte, siedi qui (tu),* uomo le cui strade sono segrete*"*. Si fece da parte *e sedette*.

TM: *Booz salì alla porta (della città) e sedette là, ed ecco passava il riscattatore del quale aveva parlato Booz e disse: "Vieni avanti, siedi qui (tu), tal dei tali". Avanzò e sedette.*

4,2

ודבר : perf. *P'al* 3 m. s. da דְּבַר "condurre" וּדְבַר = e (Booz) condusse.

עשרתי גוברין : agg. num. m. עֲשַׂרְתֵּי "dieci" (cfr. 1,1) + pl. di גֻּבְרָא "uomo" גּוּבְרִין (AB גְּבְרִין; cfr. 1,1) = dieci uomini.

מסבי קרתא : prep. מִן "da" (con valore partitivo o di provenienza) + agg. e sost. m. סָב / סָבָא "anziano" (cfr. v. precedente) al pl. costr. סָבֵי (מִסָּבֵי) + sost. f. קַרְתָּא "città" (TO a Gen 4,17; cfr. 1,19; 3,15) = da/fra gli anziani della città.

ואמר : וַאֲמַר = e disse.

תיבו הכא : imperat. *P'al* 2 m. pl. di יְתֵיב (cfr. 4,1; תִּיבוּ; cfr. 3,18) + avv. הָכָא "qui" (cfr. v. precedente) = sedete qui.

ויתיבו : perf. *P'al* 3 m. pl. di יְתֵיב (cfr. 4,1) וִיתִיבוּ (TO a Gen 11,2) = e sedettero.

TARGUM: *(Booz) condusse dieci uomini fra gli anziani della città e disse: "Sedete qui"; e sedettero.*

TM: *(Booz) prese dieci uomini fra gli anziani della città e disse: "Sedete qui"; e sedettero.*

4,3

ואמר לפרוקא : per פָּרוֹקָא "riscattatore" cfr. Jastrow *ad vocem* (cfr. 4,1; in 3,9 פָּרִיק) = e disse (Booz) al riscattatore.

אחסנת חקלא : sost. f. אֲחְסָנָא (TO a Gen 47,11) / אֲחְסָנְתָּא "porzione, parte, proprietà" (cfr. 2,3), in stato costr. אֲחְסָנַת (TO a Gen 17,8) + sost. m. e f. חַקְלָא "campo, campagna" (cfr. 2,3) = la porzione/proprietà del campo.

די לאחונא לאלימלך : pron. rel. דְּי + לְ (qui לְ) "appartenente a" + sost. m. אָח / אֲחָא "fratello" (Dalman 12), con suff. 1 pl. אֲחוּנָא (TO a Gen 37,26;

in Esd 7,18 al pl. con suff. 2 m. s. אֲחָךְ) = che appartiene (oppure: che appartenne) al nostro fratello Elimelek.

זבנת נעמי : perf. *Pa'el* 3 f. s. di זְבַן "comprare" (Dn 2,8 part. *P'al* pl. m. זָבְנִין); al *Pa'el* "vendere, mettere in vendita" זַבֵּנַת = ha venduto (oppure: ha messo in vendita) Noemi.

די תבת : pron. rel. דִּי + verbo תָּב (radice תוב) "tornare"; perf. *P'al*; 3 f. s. תָּבַת (cfr. 1,6) = che è ritornata.

מחקל מואב : per מֵחֲקַל מוֹאָב cfr. 1,6 = dalla campagna di Moab.

TARGUM: *Disse (Booz) al riscattatore: "La porzione del campo, che (appartenne) a nostro fratello Elimelek, ha messo in vendita Noemi che è ritornata dalla campagna di Moab".*

TM: *Disse (Booz) al riscattatore: "La porzione del campo, che (apparten-ne) a nostro fratello Elimelek, ha messo in vendita Noemi che è ritornata dalla campagna di Moab".*

4,4

ואנא אמרית : cong. + pron. pers. וַאֲנָא + perf. *P'al* 1 s. di אֲמַר "dire" אֲמָרִית (cfr. 1,12; אֲמְרֵת in Dn 4,5) = e/allora io ho detto.

אגלי אודנך : imperf. *P'al* 1 s. di גְּלָא "rivelare, scoprire" אֲגְלֵי (o אַגְלֵי) + sost. f. אוּדְנָא "orecchio" (TO a Es 29,20), con suff. 2 m. s. אוּדְנָךְ = scoprirò il tuo orecchio (l'espressione idiomatica significa: ti voglio informare).

למימר : inf. *P'al* di אֲמַר "dire" לְמֵימַר (AB מֵאמַר e מֵמַר) = dicendo(ti).

קנה : il termine è ebraico (TM קְנֵה; ci aspetteremmo, invece, il verbo aramaico זְבַן "comprare, acquistare" al *P'al*; imperat.; 2 m. s. זְבוֹן); l'im-perat. *P'al* 2 m. s. di קְנָא "comprare, acquistare" in aramaico sarebbe קְנִי o קְנִי = compra(lo).

כל קביל יתבי תרעא : prep. composta כָּל קֳבֵיל "di fronte, contro" (cfr. 3,8.14; AB כָּל קֳבֵל) + part. att. *P'al* m. pl. costr. di יְתֵב "sedere" יָתְבֵי (cfr. 3,11) + sost. m. תַּרְעָא "porta" (cfr. 3,11) = di fronte ai sedenti della porta.

דבית דינא דסנהדרין : particella דְּ con valore genitivale "di" + בֵּית דִּינָא דְּסַנְהֶדְרִין "tribunale del sinedrio" (cfr. 4,1) = del tribunale (cioè) del sinedrio.

וכל קביל סביא דעמי : (var. לְקֳבֵיל; AB לְקֳבֵל; TO anche לְקֳבֵיל); per סָבַיָּא "anziani" cfr. 4,1 + דְּעַמִּי "del mio popolo" (cfr. 1,16) = e di fronte agli anziani del mio popolo.

אִם אִית רְעוּתָךְ לְמִפְרוֹק : per אִם "se" (correlato col וְאִם che segue: "se... invece...") cfr. 3,13 + אִית "è, c'è" (cfr. 1,11) + sost. f. רְעֵוא "volontà", con suff. 2 m. s. רְעוּתָךְ (Tg a 1Sam 14,7) + inf. *P'al* da פְּרַק "riscattare" לְמִפְרוֹק (cfr. 3,12: לְמִפְרַק) = se è la tua volontà di riscattare.

פְּרוֹק : imperat. *P'al* 2 m. s. da פְּרַק (cfr. sopra) פְּרוֹק = riscatta.

וְאִם לָא אִית רְעוּתָךְ : וְאִם "e se, ma se" + אִית לָא "non è" + cfr. sopra = ma se non è tua volontà.

חֲוִי לִי : imperat. *Pa'el* 2 m. s. da חֲוִי "mostrare" חַוִּי = mostra(lo) a me.

וְאִנְדַּע : imperf. *P'al* 1 s. di יְדַע "conoscere, sapere" אִנְדַּע (אִנְדַּע in Dn 2,9; cfr. אַדַּע sotto) = e io sappia.

אֲרוּם לָא אִית בַּר מִינָךְ : אֲרוּם לָא אִית "che non c'è" + בַּר מִין "all'infuori di", con suff. 2 m. s. מִינָךְ = che non c'è (nessuno) all'infuori di te.

דְּהוּא רַשָׁאי : pron. rel. דְּ "il quale" + pron. pers. 3 m. s. הוּא + agg. רַשָׁאי (o רַשֵׁי; Dalman 408) "disposto, possibilitato" = il quale possa.

לְמִפְרוֹק קֳדָמָךְ : per לְמִפְרוֹק "riscattare" vedi sopra + prep. קֳדָם (cfr. 1,1) "davanti, prima", con suff. 2 m. s. קֳדָמָךְ (AB קֳדָמָיְ Q) = riscattare prima di te.

וְדהוּא קָרִיב : וְדהוּא "e che lui (sia)" + agg. e sost. קָרִיב "vicino, prossimo, parente" (cfr. 2,20) = e che sia vicino/parente.

לְמִיתַב כְּוּתָךְ : inf. *P'al* di יְתִיב "sedere, risiedere" לְמִיתַב (cfr. 2,11; TO a Gen 13,6) + כְּוּתָךְ "come te" (TO a Gen 41,39; כְּוָת "come", con suff. 2 m. s.) = per sedere come te.

וַאֲנָא : per וַאֲנָא cfr. sopra = e io.

אַדַּע מִינָךְ : verbo יְדַע "conoscere, sapere"; *P'al*; imperf. 1 s. אַדַּע (cfr. אִנְדַּע sopra) + מִינָךְ "da te" (vedi sopra) = (lo) saprò da te.

וּפְרוּקָא אֱהֵא בַּתְרָךְ : sost. m. פְּרוּקָא "riscattatore" (cfr. 4,3) + verbo הֲוָא "essere"; imperf. *P'al* 1 s. אֱהֵא "sarò" (cfr. 1,17) + בָּתַר "dietro, dopo" (cfr. 1,8), con suff. 2 m. s. בָּתְרָךְ (TO a Gen 17,7) = e sarò riscattatore dopo di te.

וַאֲמַר אֲנָא אֶפְרוֹק : imperf. *P'al* 1 s. da פְּרַק אֶפְרוֹק o אַפְרוֹק; cfr. 3,13; per le due forme vedi rispettivamente TO a Es 6,6 e Tg a Gdc 6,15) = e disse: io riscatterò.

TARGUM: *Allora io ho detto: "Ti voglio informare dicendo: "Compra(lo)" di fronte a coloro che siedono alla porta del tribunale del sinedrio e di fronte agli anziani del mio popolo. Se è tua volontà di riscattare, riscatta, ma se non è tua volontà, mostra(lo) a me e io sappia/saprò perché/che non c'è (alcun altro) all'infuori di te il quale possa riscattare prima di te e che sia vicino/parente per* sedere come te; e io sappia/saprò da te e sarò riscattatore *dopo di te". E disse:* "*Io riscatterò*".

TM: *Allora io ho detto: "Ti voglio informare dicendo: "Compra(lo)" di fronte a coloro che siedono e di fronte agli anziani del mio popolo. Se vorrai riscattare, riscatta, ma se non riscatterà (nessuno) dimmelo e io lo sappia perché non c'è (alcun altro) all'infuori di te per riscattare e io (sono) dopo di te". E disse: "Io riscatterò".*

4,5

ויאמר בועז : = e disse Booz.

ביום זבינתך ית חקלא : sost. m. יוֹם / יוֹמָא "giorno" (cfr. 1,1), in stato costr. יוֹם + sost. f. זְבִינְתָּא "acquisto, compera, azione di acquistare" (Dalman 123), con suff. 2 m. s. זְבִינְתָךְ + sost. m. e f. חַקְלָא "campo" (cfr. 1,1) = nel giorno del tuo acquistare il campo.

מן ידא דנעמי : sost. f. יְדָא "mano" (יְדָא in Dn 5,24) = da(lla mano di) Noemi.

ומן ידא דרות מואביתא : per יְדָא vedi sopra + וּמִן מוֹאֲבִיתָא (cfr. 1,22; qui Levy, *ad vocem*, propone מוֹאֲבִיתָא) = e da(lla mano di) Rut la moabita.

איתת מיתא : sost. f. אִיתְּתָא "donna, moglie" (cfr. 1,1), in stato costr. אִיתַּת (TO a Gen 16,1) + agg. e sost. מִיתָא "morto" (cfr. 1,3 e 2,20) = moglie del morto.

חייב את למפרוק : agg. חַיָּב "obbligato, debitore, colpevole" + inf. *P'al* לְמִפְרוֹק "redimere, riscattare" (cfr. 4,4) = tu sei obbligato a riscattare.

ובעי ליבמא יתה : part. *P'al* m. s. בָּעֵי "richiedente": וּבָעֵי (da בְּעָא "volere, cercare") + radice יבם "mettere in atto il levirato, sposare la cognata vedova"; *Pa'el*; inf. לְיַבָּמָא + יָתַהּ "lei" (TO a Gen 6,14) = e sei richiedente di mettere in atto il levirato con essa.

ולמסבה : verbo נְסַב / נְסֵב "prendere": seguito da אִנְתּוּ "prendere in matrimonio"; inf. *P'al* לְמִסַּב (cfr. 3,9), con suff. 3 f. s. וּלְמִסְּבַהּ = e di prenderla.

לאנתו מן בגלל : sost. f. אִנְתּוּ / אִנְתּוּתָא "matrimonio"; לְאִנְתּוּ "in matrimonio" (cfr. 3,9) + מִן בְּגְלַל "al fine di" = in matrimonio al fine di.

לאקמא : inf. *Af'el* di קוּם "alzarsi" (all'*Af'el* "fare alzare, suscitare") לְאָקָמָא (TO a Nm 7,1) = suscitare.

שום מיתא : sost. m. שׁוּם / שְׁמָא "nome" (AB שֵׁם), in stato costr. שׁוּם (cfr. 1,2; TO שׁוּם) + agg. e sost. מִיתָא "morto" (vedi sopra). Il senso dell'espressione è "mantenere/conservare il nome del morto" = il nome del morto.

על אחסנתיה : sost. f. אַחְסָנָא / אַחְסַנְתָּא "porzione, parte, proprietà" (cfr. 2,3 e 4,3), con suff. 3 m. s. אַחְסַנְתֵיה (TO a Gen 49,14.21) = sulla sua eredità/ proprietà.

TARGUM: *Disse Booz: "Quando compri (lett.: nel giorno del tuo comprare) il campo dalla mano di Noemi e da*lla mano di *Rut la moabita, moglie del morto,* tu sei obbligato a riscattare e chiedi di mettere in atto il levirato con essa e di prenderla in moglie *per suscitare il nome del morto sulla sua eredità/ proprietà"*.

TM: *Disse Booz: "Quando compri (lett.: nel giorno del tuo comprare) il campo dalla mano di Noemi e da Rut la moabita, moglie del morto, compri per suscitare il nome del morto sulla sua eredità"*.

4,6

ואמר פרוקא : per פְּרוֹקָא "riscattatore" cfr. 4,4 = e disse il riscattatore.

כי האי גוונא : particella כִּי "se" + pron. dimostr. f. הָאי + sost. m. גַּוְנָא "colore, sfumatura; modo" (Jastrow 219-220; Dalman 74: כִּי הָאי גּוְנָא) = se questo è il caso (cioè: secondo questo modo).

לית אנא יכיל : particella di inesistenza לֵית o לַיְת (cfr. 2,13) seguita da pron. pers. 1 s. אֲנָא "io non" + part. *P'al* m. s. di יָכֵיל "potere, trovare" יְכֵיל (TO a Gen 19,19; Dn 3,17 יָכֵל) = non posso/potrò io.

למפרוק לי : inf. *P'al* di פְּרַק "riscattare" לְמִפְרוֹק (cfr. 4,4) + לִי "per me" = riscattar(lo) per me.

על דאית לי אתתא : cong. composta עַל דְּ di valore consecutivo o causale "per il fatto che" + אִית לִי "è a me" (cioè: "io ho") + sost. f. אִתְּתָא "donna, moglie" = per il fatto che ho moglie.

לית לי רשו : per לֵית לִי "non è a me" (cioè: "io non ho") vedi sopra + sost. f. רְשׁוּ "autorità, permesso" = non ho il permesso.

למיסב : verbo נְסַב / נְסֵב (cfr. 4,5); inf. *P'al* לְמִיסַב = di prendere (in moglie).

אוחרניתא עלהא : agg. f. אוֹחֲרָנִיתָא "altra" (Jastrow 41: אָחֳרָנִיתָא; m. אוֹחֳרָן in 2,22; AB אָחֳרָן) + עַל, con suff. 3 f. s. עֲלַהָא "oltre a lei" (cfr. 3,15) = un'altra (moglie/donna) oltre a lei.

דילמא תהי : cong. דִּילְמָא di valore finale negativo "affinché non" + imperf. *P'al* 3 f. s. תְּהֵי "(ci) sia" (cfr. 2,15) = perché non/cosicché non (ci) sia.

למצו בביתי : sost. f. מַצוּ / מַצוּתָא "discussione, lite" + בְּבֵיתִי "in casa mia" (TO a Gen 15,2; cfr. Rut 1,8) = discussione in casa mia.

ואהא מחביל : verbo הֲוָא "essere"; *P'al*; imperf. 1 s. וְאֵהֵא "e io sia" (cfr. Rut 1,17) + radice חבל; *Pa'el* "distruggere, rovinare"; part.; m. s. מְחַבֵּיל "distruggente" (TO a Gen 19,14) = e io distrugga.

ית אחסנתי : cfr. 3,9 e 4,5; אַחְסַנְתִּי (Tg a Is 19,25) = la mia proprietà/ eredità.

פרוק לך את : imperat. *P'al* 2 m. s. da פְּרַק (פְּרוֹק; cfr. 4,4) + לָךְ "per te" = riscatta tu per te.

ארום דלית לך : אֲרוּם דְּלֵית לָךְ = che non hai (lett.: non è a te).

אתתא : sost. f. אִתְּתָא = una moglie.

ארום לית אנא יכיל : per לֵית אֲנָא יָכִיל vedi sopra = perché io non potrò.

למפרוק : per לְמִפְרוֹק vedi sopra = riscattare.

TARGUM: *Disse il riscattatore:* "Se questo è il caso, io *non posso riscattar(lo) per me*, per il fatto che ho (già) una moglie; non ho il permesso di prendere un'altra oltre a lei, affinché non ci sia disputa in casa mia e *io rovini la mia eredità*; *riscatta per te, tu*, visto che non hai una moglie, *perché io non posso riscattare*.

TM: *Disse il riscattatore: "Non potrò riscattar(lo) per me per non rovinare la mia eredità; riscatta tu, per te, il mio riscatto perché non potrò riscattare".*

4,7

וכהדא מנהגא : pron. dimostr. f. s. הָדָא preceduto da כ e ו (וּכְהָדָא) "e come questa" + sost. m. מִנְהָגָא "consuetudine, uso" = e come questa (era) la consuetudine.

בעידנא די מלקדמין : sost. m. עִידָּנָא / עִידָּן "tempo" (cfr. 2,9) + locuzione avverbiale מִלְּקַדְמִין "una volta, in principio" (composta da מִן + לְ + sost. m. pl. קַדְמִין "tempi antichi"; TO a Gen 2,8) = nei tempi antichi.

מתנהגא : radice נהג; *Itpa'al* "comportarsi"; part. f. s. מִתְנַהֲגָא "era con- sueto, era in uso" (con valore impersonale; Dalman 264) = era consue- tudine.

בישראל : nome di regione/popolo בְּיִשְׂרָאֵל = in Israele.

בזמן דשקלן : sost. m. זִמְנָא / זְמַן "tempo" (cfr. 1,4) + verbo שְׁקַל "prende- re"; *P'al*; part.; m. pl. (secondo il contesto, anche se scritto *defective*, ma vedi Dalman 434) שָׁקְלִין = al tempo del prendere.

וטרן : part. *P'al* dalla radice טרי "discutere, negoziare": טְרַן (Dalman 434; var. טֵרַן) = e del negoziare.

ופרקן : cong. וְ (qui וּ) + verbo פְּרַק "riscattare"; *P'al*; part.; m. pl. וּפָרְקָן = e del riscattare.

ומחלפן : cong. וְ (qui וּ) + radice חלף; *Pa'el* "scambiare"; part.; m. pl. וּמְחַלְפָן = e dello scambiare.

חד מן חבריה : num. m. חַד "uno" + sost. m. חַבְרָא "compagno, amico" (usato come correlativo di חַד nel senso di "altro"), con suff. 3 m. s. חַבְרֵיה (cfr. 3,14) = l'uno dall'altro (lett.: l'uno dal suo compagno).

ומקיימין : verbo קוּם "alzarsi, stare in piedi"; *Pa'el* "ratificare, confermare"; part.; m. pl. וּמְקַיְמִין (Tg a Os 1,9) = e del ratificare.

כל מידעם : sost. m. מִידְעַם "cosa, qualcosa" (Dalman 225) = ogni cosa.

וטלע גבר : cong. וְ (qui וּ) che riprende quanto detto sopra: "al tempo... allora..." + verbo טְלַע "slegare, slacciare, togliere" (Dalman 170 e Jastrow, *ad vocem*; cfr. v. seguente) + גְּבַר "uomo" usato nel senso indefinito di "uno" = allora slacciava uno.

ית נרתק : sost. m. נַרְתֵּק "manicotto, guaina, guanto" (Dalman 278: נַרְתֵּיק) in stato costr. = il guanto.

יד ימיניה : sost. f. יְדָא (cfr. 4,5) in stato costr. יַד + sost. f. יַמִינָא "destra, mano destra", con suff. 3 m. s. יַמִינֵיה (TO a Gen 48,17) = della sua mano destra.

ואושיט ביה : verbo יְשַׁט; *Af'el* "dare, porgere"; perf.; 3 m. s. אוֹשִׁיט (cfr. 2,14) + בֵּיה "tramite esso" = e dava con esso (cioè con la consegna del guanto).

קנין לחבריה : sost. m. קְנְיָן / קִנְיָנָא "acquisto, proprietà" (TO a Lv 22,11) + לְחַבְרֵיה "al suo compagno" (vedi sopra) = una proprietà/acquisto all'altro.

והכין נהגין : avv. הָכֵין "così" (Tg a Is 51,6; Dalman 113) + radice נהג "condurre (la vita), comportarsi" (vedi sopra); *P'al*; part.; m. pl. נָהֲגִין (il soggetto è "la casa di Israele" che segue) = e così si comportava(no).

למקני בית ישראל : verbo קְנָא "comprare"; *P'al*; inf. לְמִקְנֵי (TO a Dt 8,18) = per comprare/contrattare la casa di Israele (= gli Israeliti).

חד מן חבריה : cfr. sopra = l'uno dall'altro.

קדם סהדיא : קֳדָם "davanti, prima" + sost. m. סָהֲדָא / סָהֵיד "testimone" (Dalman 284), al pl. enf. סָהֲדַיָּא (TO a Dt 17,7) = davanti ai testimoni.

TARGUM: (e) secondo questa consuetudine, nei tempi antichi, ci si comportava in Israele. Nel tempo del prendere, del negoziare, del riscattare, dello scambiare l'uno dall'altro e del ratificare ogni cosa; (allora) slacciava/sfilava uno il guanto della sua mano destra e porgeva con esso la proprietà/l'acquisto all'altro; e così si comportava per comprare la casa di Israele, l'uno dall'altro, di fronte ai testimoni.

TM: *Ciò (era) una volta in Israele circa il riscatto e circa lo scambio: per confermare ogni affare toglieva uno il suo sandalo e (lo) dava al suo prossimo; e questa era la testimonianza in Israele.*

4,8

ואמר פרוקא לבועז : per פָּרוֹקָא "riscattatore" cfr. 4,4 = e disse il riscattatore a Booz.

אושיט ידך לקנינא : imperat. *Af'el* 2 m. s. di יְשַׁט "dare, porgere" (cfr. v. precedente) 2 m. s. אוֹשֵׁיט + sost. f. יַד / יְדָא "mano", con suff. 2 m. s. יְדָ־ (יְדָךְ in Dn 2,38; TO a Gen 24,2) + sost. m. קִנְיָן / קִנְיָנָא "acquisto, proprietà" (cfr. 4,7: קִנְיָן) preceduto da לְ: לְקִנְיָנָא = porgi la tua mano per l'acquisto.

וקני לך : imperat. *P'al* 2 m. s. di קְנָא "comprare, acquistare" וּקְנִי (TO a Es 30,23; cfr. 4,4) + prep. לְ con suff. 2 m. s. לָךְ = e compra per te.

ושלע בועז : perf. *P'al* 3 m. s. di שְׁלַע "slegare, slacciare, togliere" וּשְׁלַע (cfr. Jastrow, *ad vocem* e 4,7) = e slacciò Booz.

ית נרתק : per il sost. m. נַרְתֵּק in stato costr. cfr. v. precedente = il guanto.

יד ימיניה : per יַד יַמִּינֵיהּ cfr. v. precedente = della sua mano destra.

וקני ליה : cong. + perf. *P'al* 3 m. s. וּקְנִי (per וּקְנָא) = e comprò/acquistò per sé.

TARGUM: *Disse il riscattatore a Booz: "Porgi la tua mano per l'acquisto e compra per te"; e si tolse Booz il guanto della sua mano destra e acquistò per sé.*

TM: *Disse il riscattatore a Booz: "Compra per te"; e si tolse il suo sandalo.*

4,9

ואמר בועז לסביא : per סָבַיָּא "anziani" cfr. 4,2 = e disse Booz agli anziani.

ולכל עמא : cong וּ (qui וּ:) + (וּלְכָל) + sost. m. עַם / עַמָּא "popolo" (cfr. 1,6) = e a tutto il popolo.

הוו סהדין אתון עלי : radice הוי "essere"; *P'al*; imperat.; 2 m. pl. הֱווֹ "siate" (TO a Es 13,3) + sost. m. (part. att. *P'al*) סָהֵיד / סָהֲדָא "testimone", al pl. ass. סְהֲדִין (cfr. 4,7) + pron. pers. 2 m. pl. אַתּוּן "voi" + prep. עַל "circa, riguardo a", con suff. 1 s. עֲלַי = siate testimoni voi per me.

יוֹמָא דֵין : cfr. 2,19 = quest'oggi.

אֲרוּם קְנֵיתִי : cong. אֲרוּם con valore dichiarativo "che" + perf. *P'al* 1 s. da קְנָא "comprare, acquistare" (cfr. 4,4) קְנֵיתִי = che ho comprato/acquistato.

יָת כָּל מָה דַהֲוָה : per יָת כָּל מָה "tutto ciò" cfr. 3,16 + דַהֲוָה "che fu" = tutto ciò/ogni cosa che fu/appartenne.

לֶאֱלִימֶלֶךְ : = a Elimelek.

וְיָת כָּל מָה דַהֲוָה : וית כל מה דהוה = e tutto ciò che fu/appartenne.

לְכִלְיוֹן וּמַחְלוֹן : לכליון ומחלון = a Kilion e (a) Machlon.

מִן יְדָא דְנַעֲמִי : sost. f. יְדָא / יַד "mano", allo stato enf. יְדָא (cfr. 4,5) = da(lla mano di) Noemi.

TARGUM: *Disse Booz agli anziani e a tutto il popolo: "Testimoni* siate *voi* per me quest'*oggi che compro tutto ciò che era di Elimelek e tutto ciò che era di Kilion e Machlon dalla mano di Noemi".*

TM: *Disse Booz agli anziani e (a) tutto il popolo: "Testimoni siete voi oggi che compro tutto ciò che (era) di Elimelek e tutto ciò che (era) di Kilion e Machlon dalla mano di Noemi".*

4,10

וְאוּף יָת רוּת מוֹאֲבִיתָא : cong. composta וְאוּף "e anche, inoltre" (per וְאַף come in TO) + particella יָת che esprime l'accus. + רוּת מוֹאֲבִיתָא (cfr. 2,2.21; 4,5) = e anche Rut la moabita.

אִיתַּת מַחְלוֹן : sost. f. אִיתְּתָא "donna, moglie" (cfr. 1,1), in stato costr. אִיתַּת (cfr. 4,5) = moglie di Machlon.

קְנֵיתִי לִי לְאִינְתּוּ : perf. *P'al* 1 s. di קְנָא "ho acquistato" קְנֵיתִי (cfr. v. precedente) + לְאִינְתּוּ "in matrimonio" (cfr. 4,5, dove viene usato il verbo נְסֵב / נְסַב) = ho preso per me in matrimonio.

בְּגִין לְמֵיקַם שׁוּם שְׁכִיבָא : per בְּגִין / בְּגִין "per, al fine di" cfr. 2,11 + verbo קוּם "alzarsi, sorgere"; inf. *P'al* לְמֵיקַם (Dalman § 70.11, p. 321; ci aspetteremmo l'inf. *Af'el* לְאָקָמָא, come in 4,5) + שׁוּם "il nome di" (cfr. 4,5) + agg. שְׁכִיבָא "morto" (cfr. il pl. 1,8) = per sorgere (oppure: per suscitare) il nome del morto.

עַל אַחְסַנְתֵּיהּ : per אַחְסַנְתֵּיהּ cfr. 4,5 = sulla sua proprietà/eredità.

ולא ישיצי : cong. + avv. וְלָא "e non, affinché non" + imperf. *Šaf'el* 3 m. s. da שֵׁיצִיא (AB perf. 3 m. s. שֵׁיצִיא in Esd 6,15) "terminare, finire, completare" יְשֵׁיצֵי (cfr. 3,18) = e non finisca (con valore intransitivo).

שום שכיבא : per שְׁכִיבָא שׁוּם vedi sopra = il nome del morto.

מלות אחוהי : prep. composta da מִן e לְוָת "di tra, da presso" מִלְוָת (TO a Gen 13,11) + sost. m. אָח "fratello" (cfr. 4,3), al pl. (אַחִין), con suff. 3 m. s. אֲחוֹהִי (TO a Gen 9,22) = di tra i suoi fratelli.

ומתרע סנהדרין : sost. m. תְּרַע / תַּרְעָא "porta", in stato costr. preceduto da וְ e (וּמִתְּרַע) + סַנְהֶדְרִין "sinedrio" (cfr. 2,1; 4,1) = e dalla porta del sinedrio.

דבאתריה : pron. rel. דְּ (qui דְּ) + prep. בְּ (qui בְּ) + sost. m. אֲתַר "luogo", con suff. 3 m. s. אַתְרֵיהּ (אַתְרֵהּ in Esd 5,15) = che (si trova) nel suo luogo.

סהדין אתון עלי : per l'espressione סָהֲדִין אַתּוּן עֲלַי cfr. 4,9 = testimoni voi (siete) per me.

יומא דין : cfr. 4,9 = quest'oggi

TARGUM: *"E anche Rut la moabita, moglie di Machlon, prendo per me* in matrimonio *per suscitare il nome del morto sulla sua eredità e (così) il nome del morto non sarà* estinto *di tra i suoi fratelli e dalla porta* del sinedrio che (si trova) nel *suo luogo. Testimoni (siete) voi* per me quest'*oggi"*.

TM: *"E anche Rut la moabita, moglie di Machlon, prendo per me come moglie per suscitare il nome del morto sulla sua eredità e (così) il nome del morto non sarà tagliato via di tra i suoi fratelli e dalla porta del suo luogo. Testimoni (siete) voi oggi"*.

4,11

ואמרו : perf. *P'al* 3 m. pl. di אֲמַר "dire" וַאֲמַרוּ = e disse(ro).

כל עמא : per עַמָּא כָּל cfr. 4,9 = tutto il popolo.

די בתרע סנהדרין : pron. rel. דִּי "il quale (era)" + בְּתְרַע סַנְהֶדְרִין (cfr. 4,1; 4,10) = che (era/si trovava) presso la porta del sinedrio.

וסביא : sost. m. pl. סָבַיָּא "anziani" (cfr. 4,1) = e gli anziani.

סהדין אנחנא : sost. m. (part. att. *P'al*) סָהִיד / סָהֲדָא "testimone", al pl. סָהֲדִין (cfr. 4,9; 4,10) + pron. pers. 1 pl. אֲנַחְנָא "noi (siamo)" = siamo testimoni.

יתן יהוה : imperf. *P'al* 3 m. s. di יְהַב "dare"; all'imperf. la radice viene supplita da נתן: יִתֵּן (o יְתִּין; Dalman 280) + nome di Dio יהוה = dia YHWH (cioè: renda YHWH).

ית אתתא הדא : sost. f. אִתְּתָא "donna" + pron. dimostr. f. s. הָדָא "questa"

= questa donna.

דאתיא לביתך : verbo אֲתָא "venire, entrare"; *P'al*; part.; f. s. אָתְיָא (TO a Gen 16,8) + sost. m. בֵּיתָא (cfr. 1,8), con suff. 2 m. s. בֵּיתָךְ (TO a Gen 17,13) = che viene/entra nella tua casa.

כרחל וכלאה : particella comparativa כְּ "come" + nomi propri f. רָחֵל "Rachele" e לֵאָה (וּכְלֵאָה) "Lia" = come Rachele e come Lia.

די בנו תרויהון : pron. rel. דִי "che, le quali" + verbo בְּנָא "costruire"; *P'al*; perf.; 3 pl. c. בְּנוֹ (Esd 6,14; TO a Gen 11,5) + agg. num. m. תְּרֵין (AB costr. תְּרֵי) / תַּרְתֵּין "due" (Esd 4,24; TO a Gen 4,19), con suff. 3 m. (e f.) pl. תַּרְוֵיהוֹן "loro due" (TO a Gen 2,25; il suff. si aggiunge alla base תְּרֵי) = che costruirono, loro due (= entrambe).

ית בית ישראל : sost. m. בֵּיתָא "casa" (vedi sopra), in stato costr. בֵּית (cfr. 1,8) = la casa di Israele.

אבונן : sost. m. אַב / אַבָּא "padre", con suff. 1 pl. אֲבוּנַן (Dalman § 40.4 [p. 198]; TO אֲבוּנָא in Gen 19,34) = nostro padre.

בתרי עסר שבטין : prep. בְּ (qui בַּ) + num. m. תְּרֵי עֲסַר "dodici" (AB תְּרֵי־עֲשַׂר) + sost. שִׁבְטָא "tribù" (TO a Es 31,2), al pl. ass. שִׁבְטִין (TO a Gen 28,3) = con (le) dodici tribù.

ועיבד חילא : imperat. *P'al* 2 m. s. di עֲבַד "fare" עִיבֵד (Dalman § 62.5 [p. 275]; TO a Gen 6,14) + sost. m. חֵילָא "forza, opera di valore, cosa meravigliosa" (cfr. 3,11) = e fai opere di valore/cose meravigliose.

באפרת : nome pr. di luogo אֶפְרָת o אֶפְרָתָה "Efrat, Efrata" (cfr. anche 1,2; TM: אֶפְרָתָה) = in Efrat.

ותהי קרי שמא : per תְּהֵי (qui וּתְהֵי) "sarai" o "sii" cfr. 2,15 + part. m. s. *P'al* di קְרָא "chiamare" קָרֵי + sost. m. שְׁמָא "il nome" = e chiama il nome (cioè: diventa famoso).

בבית לחם : בְּבֵית לֶחֶם = in Betlemme.

TARGUM: *Disse tutto il popolo che (era/si trovava) presso la porta e gli anziani: "Siamo testimoni. Renda YHWH questa donna che entra nella tua casa come Rachele e come Lia che costruirono loro due la casa di Israele nostro padre con (le) dodici tribù; e tu fa' opere di valore in Efrata e fatti un nome in Betlemme".*

TM: *Disse tutto il popolo che (era/si trovava) presso la porta e gli anziani: "Siamo testimoni. Renda YHWH la donna che entra nella tua casa come Rachele e come Lia che costruirono loro due la casa di Israele; e tu fa' opere di valore in Efrata e fatti un nome in Betlemme".*

4,12

ויהי מצלח : cong. וְ (qui וְ) + imperf. *P'al* 3 m. s. di הֲוָא con valore ius-sivo יְהֵי (וִיהֵי) + radice צלח "prosperare, avere successo"; *Af.*; part.; m. s. מַצְלַח = e prosperi (lett.: sia prosperante).

ביתך : sost. m. בֵּיתָא "casa" (cfr. 1,8), con suff. 2 m. s. בֵּיתָךְ (cfr. 4,11) = la tua casa.

כבית פרץ : particella כְּ "come" + sost. in stato costr. בֵּית (כְּבֵית) + nome pr. m. פֶּרֶץ "Perez" = come la casa di Perez.

די ילידת תמר : perf. *P'al* 3 f. s. dalla radice ילד:יְלִידַת (TO a Gen 4,1) che si riferisce alla donna che "genera, partorisce". Per l'uomo che "gene-ra" si usa l'*Af'el* della medesima radice ילד (cfr. אוֹלֵיד in 4,18 e seguen-ti) + nome pr. f. תָּמָר "Tamar" = che partorì Tamar.

ליהודה : prep. לְ (לַ) + nome pr. m. יְהוּדָה (לִיהוּדָה) = a Giuda.

מן זרעא : sost. m. זְרַע / זַרְעָא "seme, discendenza" = dalla (oppure: a causa della) discendenza.

די יתן יהוה לך : per יִתֵּן "darà" cfr. v. precedente = che darà YHWH a te.

מן ריבא הדא : sost. f. רִיבָא / רִיבְתָא "giovane, ragazza" (Dalman 403) + pron. dimostr. f. s. הָדָא "questa" (cfr. v. precedente) = da questa giovane (ragazza).

TARGUM: *"Prosperi la tua casa come la casa di Perez che Tamar partorì a Giuda a causa della discendenza che darà YHWH a te da questa giovane".*

TM: *"Sia la tua casa come la casa di Perez che Tamar partorì a Giuda a causa della discendenza che darà YHWH a te da questa giovane".*

4,13

ונסיב בועז ית רות : perf. *P'al* 3 m. s. di נְסֵב / נְסַב "prendere" (cfr. 1,8) = e Booz prese Rut.

והות ליה לאינתו : la forma הֲוָת (וַהֲוָת) è perf. *P'al* 3 f. s. di הֲוָא + לֵיה "per lui" + sost. f. אִינְתּוּ / אִינְתּוּתָא "matrimonio" (cfr. 3,9) = e fu per lui in ma-trimonio.

ועל לותה : perf. *P'al* 3 m. s. di עַל "entrare" (radice עלל; עַל in Dn 2,24) + לְוָת "presso, vicino", con suff. 3 f. s. לְוָתַה (cfr. 3,8) = e (egli) si accostò ad essa (lett.: entrò presso di lei).

ויהב יהוה לה עידוי : perf. *P'al* 3 m. s. da יְהַב "dare" (in contesto וִיהַב) + sost. m. עִידוּי "gravidanza, concepimento" (TO a Gen 29,31) = e diede

YHWH ad essa una gravidanza.

וילידת בר : (Sperber ha יולידת) perf. *P'al* 3 f. s. dalla radice ילד "con-cepire": וִילֵידַת / יְלֵידַת; 4,12) + sost. m. בַּר / בְּרָא "figlio" (cfr. 1,1) = e par-torì un figlio (cioè: il Signore concesse ad essa di partorire un figlio).

TARGUM: *Booz prese Rut ed essa fu per lui moglie* (lett.: in matrimonio) *ed egli si accostò ad essa; diede YHWH ad essa una gravidanza e partorì un figlio.*

TM: *Booz prese Rut ed essa fu per lui moglie ed egli si accostò ad essa; diede YHWH ad essa una gravidanza e partorì un figlio.*

4,14

ואמרן : perf. *P'al* 3 f. pl. di אֲמַר (וַאֲמַרן; cfr. 1,10; potrebbe trattarsi an-che di un part. att. f. pl.) = e dissero/dicevano.

נשיא : pl. enf. del sost. f. אִתְּתָא "donna, moglie" (cfr. 1,4 per il pl. ass. נְשַׁיָּא (נְשִׁין = le donne.

לנעמי : = a Noemi.

בריך שמיה דיהוה : la forma בְּרִיךְ è part. pass. *P'al* m. s. "benedetto" (cfr. 2,20) + sost. m. שׁוּם / שְׁמָא "nome", con suff. 3 m. s. שְׁמֵיה (cfr. 2,1; TO a Gen 2,19; AB שְׁמֵהּ) = benedetto (è) il nome (suo) di YHWH.

דלא פסק ליך : דְלָא "che non" + perf. *P'al* 3 m. s. di פְּסַק "far mancare, privare, tagliare" + לִיךְ "a te" (cfr. 3,11) = che non ha fatto mancare a te.

פרוקא יומא דין : פָּרוֹקָא per "riscattatore" cfr. 4,4 + יוֹמָא דֵין "questo gior-no" (cfr. 2,19) = un riscattatore quest'oggi.

ויתקרי שמיה : imperf. *Itp'el* 3 m. s. di קְרָא "chiamare" (cfr. 4,11) יִתְקְרֵי (TO a Gen 17,5) + שְׁמֵיה "il suo nome" (vedi sopra) = e sarà/sia chiamato il suo nome.

מן צדיקי ישראל : agg. e sost. צַדִּיקָא "giusto" (cfr. 1,1), al pl. m. costr. צַדִּיקֵי (cfr. 3,15) = da/fra i giusti di Israele.

TARGUM: *Dissero le donne a Noemi: "Benedetto il nome di YHWH che non ha fatto mancare a te un riscattatore quest'oggi, affinché sia proclamato il suo nome dai giusti di Israele".*

TM: *Dissero le donne a Noemi: "Benedetto YHWH che non ha fatto man-care a te un riscattatore oggi, affinché sia proclamato il suo nome in Israele".*

4,15

וִיהֵא לִיךְ : cong. וְ + יְהֵא (וִיהֵא; TO יְהֵי) + לִיךְ (cfr. v. precedente) = e (egli) sarà per te.

למקיים נפש : prep. לְ (qui לְ) + la forma מְקַיֵּם "sostentatore" è part. *Pa'el* m. s. di קוּם, al *Pa'el* "sostentare, confermare" (לְמְקַיֵּם) in stato costr. + sost. f. נְפַשׁ (TO a Gen 46,15) / נַפְשָׁא "anima, spirito, vita", in stato ass. נְפַשׁ (cfr. 1,13.20) = un sostentatore dell'anima/vita.

ולכלכל : verbo כּוּל, forma *Palpel* "nutrire, sostentare"; inf. וּלְכַלְכֵל:כַּלְכֵל. come nel TM = e per sostentare.

ית סיבתך : sost. f. סֵיבְתָא "vecchiaia, anzianità" (Dalman 288), con suff. 2 f. s. סֵיבְתֵךְ (Levy סִיבְתֵךְ) = la tua vecchiaia.

בתפנוקין : sost. m. תַּפְנוּקָא "conforto, delizia", al pl. תַּפְנוּקִין = con delizie.

ארום כלתך : sost. f. כַּלְתָא "sposa, nuora" (cfr. 1,6), con suff. 2 f. s. כַּלְתֵךְ = poiché la tua nuora.

די רחימת יתך : perf. *P'al* 3 f. s. da רְחֵים "amare": רְחֵימַת (TO a Gen 25,28; var. con suff. רְחֵימְתִיךְ) + יָת dell'accus., con suff. 2 f. s. יָתֵךְ (TO a Gen 20,16 יְתִיךְ) = che ti ama/che ti ha amato.

ילדתיה דהיא : perf. *P'al* 3 f. s. dalla radice ילד יְלֵידַת (in TO a Gen 4,22), con suff. 3 m. s. יְלֵדְתֵיה "lo ha partorito" (forma incerta) + דְהִיא "quella che, la quale" = l'ha partorito, quella che.

הות טבתא ליך : perf. *P'al* 3 f. s. da הֲוָא "essere": הֲוָת (cfr. 1,7) + agg. טָב "buono" (cfr. 2,12) al f. טָבְתָא (Dalman § 38.1 [p. 189]; TO a Dt 1,35; Rosenthal, *Grammar*, p. 23: טָבְתָא) + prep. לְ, con suff. 2 f. s. לִיךְ = è (stata) buona per te.

בעידן ארמלותיך : sost. m. עִידָן / עִידָנָא "tempo", allo stato costr. עִידָן + sost. f. אַרְמְלוּ / אַרְמְלוּתָא "vedovanza", con suff. 2 f. s. אַרְמְלוּתִיךְ (Tg a Is 54,4) = nel tempo della tua vedovanza.

מסגיאין בנין : la prep. מִן introduce il secondo termine di paragone: "buona... più di" + agg. סַגִיא "numeroso" (AB שַׂגִיא), al pl. m. ass. סַגִיאִין (TO a Gen 13,16) + pl. del sost. m. בַּר / בְּרָא "figlio", allo stato ass. בְּנִין (TO a Gen 3,16; AB pl. costr. בְּנֵי) = più di molti figli.

TARGUM: *"Egli sarà per te un sostentatore (lett.: uno che sostenta l'anima) e per sostentare la tua vecchiaia con delizie; poiché la tua nuora che ti ama l'ha partorito, la quale è stata per te più buona, nel tempo della tua vedovanza, di molti figli".*

TM: *"Egli sarà per te un consolatore (lett.: uno che fa ritornare l'anima) e per sostentare la tua vecchiaia; poiché la tua nuora che ti ama l'ha partorito, la quale è per te più buona di sette figli".*

4,16

וּנְסִיבַת נעמי : perf. *P'al* 3 f. s. di נְסֵיב "sollevare, prendere": וּנְסֵיבַת (TO a Gen 3,6) = e prese Noemi.

ית רביא : agg. sost. m. רָבְיָא / רָבֵי "bambino, fanciullo" (cfr. 2,21) = il bambino.

ושויאת יתיה : radice שׁוי "essere uguale"; *Pa'el* "porre, mettere"; perf. 3 f. s. שַׁוִּיאַת (TO a Es 2,3) = e lo pose.

בעיטפה : sost. m. עִיטְפָא "petto, grembo" (TO a Es 4,6; Dalman 310: עִטְפָא), con suff. 3 f. s. עִיטְפַהּ = sul suo grembo.

תּוּרְבִּינְתָא / תּוּרְבִּינָא : וַהֲוָת לֵיהּ "e fu per lui" + sost. f. "balia, nutrice, custode" (Dalman 448) = e fu per lui una nutrice.

TARGUM: *Prese Noemi il bambino e lo pose sul suo grembo e fu per lui una nutrice.*

TM: *Prese Noemi il bambino e lo pose sul suo grembo e fu per lui una nutrice.*

4,17

וקראן ליה : perf. *P'al* 3 f. pl. di קְרָא (seguito da שׁוֹם "nome" significa "chiamare, dare il nome") וּקְרָאָן (forma incerta; cfr 1,9 per una forma simile dalla radice בכי) = e lo chiamarono.

שיבבתאן שום : f. pl. dell'agg. e sost. שִׁיבָבָא / שִׁיבַבְתָא (Jastrow; Dalman 421 שִׁיבַבְתָא) "vicino", con suff. 3 f. s. שִׁיבַבְתָאן (cfr. Jastrow *ad vocem*) = le vicine.

למימר : inf. *P'al* del verbo אֲמַר "dire" לְמֵימַר (cfr. 2,15) = dicendo.

אתיליד בר לנעמי : perf. *Itp'el* 3 m. s. dalla radice ילד "partorire" (all'*Itp'el* "nascere, essere generato") אִתְיְלִיד (TO a Gen 4,18; oppure אִתְיְלִיד cfr. Dalman § 69.5, p. 313; Jastrow 578 אִתְיְלִיד) + sost. m. בַּר (cfr. 4,13) "figlio" = è nato un figlio a Noemi.

והוו קראן שמיה עובד : per הֲווֹ "furono, erano" (וַהֲווֹ) cfr. 1,2 + part. *P'al* m. pl. (TM f. pl.) di קְרָא "chiamare" (cfr. 4,11): קָרָאן (TO a Dt 3,9: קָרָן) + nome pr. m. עוֹבֵד = e chiamarono/chiamavano (lett.: "erano chiamanti") il suo nome Obed.

אֲבוּי : הוא אבי דישי : sost. m. אַב / אַבָּא "padre" (cfr. 4,11), con suff. 3 m. s.
(אֲבוּהִי in Dn 5,2 e TO) + nome pr. m. יִשַׁי "Isai (Iesse)" = egli è il padre
(suo) di Iesse.

אֲבוּי דְּדָוִד : אבוי דדוד = padre (suo) di Davide.

TARGUM: *Gli diedero un nome le vicine dicendo: "È nato un figlio a Noemi"; e lo chiamarono (e lo chiamavano) Obed, egli è il padre di Iesse, padre
di Davide.*

TM: *Gli diedero un nome le vicine dicendo: "È nato un figlio a Noemi"; e
lo chiamarono Obed, egli è il padre di Iesse, padre di Davide.*

4,18

ואילין : pl. c. אִילֵין del pron. dimostr. דָּא / דֵין (AB אֵלֵין) = e queste (sono).

תולדת פרץ : sost. f. תּוֹלְדְתָא (Dalman 440) "generazione, origine" (usato di solito al pl.), al pl. costr. תּוֹלְדָת (TO a Gen 2,4) + nome pr. m. פֶּרֶץ
"Perez" (TM forma pausale פָּרֶץ; cfr. 4,12) = le generazioni di Perez.

פרץ אוליד : אוֹלֵיד è perf. *Af'el* 3 m. s. dalla radice ילד (al *P'al* "partorire" e all'*Af'el* "generare"; cfr. 4,12) = Perez generò.

ית חצרון : nome pr. m. חֶצְרוֹן = Chezron.

TARGUM: *Queste sono le generazioni di Perez: Perez generò Chezron.*

TM: *Queste sono le generazioni di Perez: Perez generò Chezron.*

4,19

וחצרון אוליד ית רם : per אוֹלֵיד cfr. 4,18 + nome pr. m. רָם "Ram" =
Chezron generò Ram.

ורם אוליד ית עמינדב : nome pr. m. עַמִּינָדָב = Ram generò Amminadab.

TARGUM: *(e) Chezron generò Ram, (e) Ram generò Amminadab.*

TM: *(e) Chezron generò Ram, (e) Ram generò Amminadab.*

4,20

ועמינדב אוליד ית נחשון : nome pr. m. נַחְשׁוֹן = Amminadab generò Nacson.

בֵּית אַבָּא : ונחשון רב בית אבא : agg. sost. רַב "capo, grande" + composto בֵּית אַבָּא "casa paterna, famiglia" (Jastrow 168) = e Nacson fu il capo di una famiglia.

לְבֵית יְהוּדָה : לבית יהודה = della casa/casato di Giuda.

צַדִּיקָא (TM שֵׁלְמָה) + agg. צַדִּיקָא : ונחשון אוליד ית סלמא צדיקא : nome pr. m. סַלְמָא "giusto, pio" (cfr. 1,1) = Nacson generò Salma/Salmon (cfr. v. seguente) il pio.

הוא סלמא : = egli è Salma.

מן בית לחם ונטופה : nome pr. di luogo נְטוֹפָה (נְטוֹפָה in Esd 2,22 e Neh 7,26) = di Betlemme e Netofa.

דבטילו בנוי : verbo בְּטֵיל "cessare"; Pa'el "fare cessare"; perf. 3 m. pl. בַּטִּילוּ (בַּטִּלוּ in Esd 4,23; 5,5) + sost. m. בַּר, al pl. con suff. 3 m. s. בְּנוֹי "i suoi figli" (cfr. בְּנוֹהִי in 1,1.2) = che bloccarono i suoi figli (cioè: i figli del quale bloccarono/rimossero).

פרזדאון : sost. pl. f. פְּרֵזְדָאָן "guardie, presidii" (dal latino praesidarii o praesidia; Dalman 347: פְּרֵזְדָן) = le guardie.

דאותיב ירבעם : verbo יְתֵיב "sedere, risiedere" (cfr. 4,1); Af'el "fare sedere, insediare"; perf. 3 m. s. אוֹתֵיב (TO a Gen 47,11) + nome pr. m. יָרְבְעָם = che aveva insediato Geroboamo.

חייבא על אורחי : agg. m. enf. חַיָּבָא "colpevole, peccatore" + sost. f. pl. אוֹרְחֵי "strade" (per אוֹרְחָן; s. אוֹרְחָא; cfr. 1,7) = il peccatore, sulle strade.

והואן עובדי : verbo הֲוָה / הֲוָא "essere"; P'al; perf.; 3 m. pl. וַהֲוַאן (forma assai incerta; cfr. Dalman § 73.3, p. 354) + sost. m. עוֹבַד (o עוֹבָד) / עוֹבְדָא "opera, operato" (cfr. 2,12), al pl. costr. עוֹבְדֵי (TO a Lv 18,3) = e furono/erano le opere di.

אב ובנין : אַב וּבְנִין = padre e figli.

יאוון בנטופא : agg. יָאֵי "bello, gradevole", al pl. m. יָאֲן (Jastrow 559) + nome pr. נְטוֹפָא (vedi נְטוֹפָה sopra; var. כְּנַטוֹפָא "come balsamo"; TO a Es 30,34) = gradevoli in Netofa (var. come balsamo).

TARGUM: (e) Amminadab generò Nacson, e Nacson (era/fu) un capo famiglia della casa di Giuda, e Nacson generò Salma il giusto; egli è Salma di Betlemme e Netofa, i figli del quale rimossero le guardie che aveva insediato Geroboamo il peccatore sulle strade; e furono le opere del padre e dei figli gradevoli in Netofa (oppure: come balsamo).

TM: *(e) Amminadab generò Nacson, (e) Nacson generò Salma/Salmon*.

4,21

ושלמון אוליד : (שַׂלְמוֹן TM) = e Salmon generò.

ית אבצן נגידא : per אִבְצָן נְגִידָא cfr. 1,1 = Ibsan il giudice.

הוא בועז צדיקא : cfr. 1,1 = egli è Booz il pio.

די על זכותיה : sost. f. זָכוּ / זָכוּתָא "innocenza, merito" (cfr. 1,6): זָכוּתֵיה "il merito suo" (cfr. 1,6) = che per merito suo (cioè: per il merito del quale).

אשתיזבו : verbo שְׁזֵיב (o שֵׁזֵב) "salvare" (compare diverse volte in AB all'*Af'el*); *Ištaf'al* "essere salvato"; perf. 3 m. pl. אִשְׁתֵּיזַבוּ (Tg a 2Sam 4,6) = furono salvati.

עמא בית ישראל : = il popolo, la casa di Israele.

מיד בעלי דבביהון : מִיַד (composto da מִן e יַד) "dalla mano di" (TO a Gen 9,5) + בַּעֲלֵי דְּבָבֵיהוֹן "nemici" (TO a Lv 26,41), che è pl. con suff. 3 m. pl. di בְּעֵיל דְּבָבָא "nemico" (דְּבָבָא "mormorazione"; TO a Dt 32,27) = dalla mano dei loro nemici.

ובגין צלותיה : cong. con valore causale בְּגִין o בְּגִין "per" + צְלוֹתֵיה "la sua preghiera" (cfr. 3,7) = e per la sua preghiera.

עדת כפנא : עֲדַת è perf. *P'al* 3 f. s. da עֲדָא "passare" (Tg a 1Sam 16,14) = passò la carestia.

מארעא דישראל : per מֵאַרְעָא דְיִשְׂרָאֵל cfr. 3,7 = dalla terra di Israele.

ובועז אוליד ית עובד : nome pr. m. עוֹבֵד "Obed" = e Booz generò Obed.

דפלח : perf. *P'al* 3 m. s. di פְּלַח "lavorare, servire" וּדְפְלַח = che servì.

למרי עלמא : sost. m. מָרֵא "signore, Signore", in stato costr. מָרֵי in Dn 2,47) + sost. m. עָלַם / עָלְמָא "mondo, universo, eternità" = il Signore del mondo/dei secoli.

בלב שלים : sost. m. לֵב (Tg a 1Sam 25,31) o לֵב / לִבָּא (Tg a 1Sam 17,32; Dalman 212) "cuore" (AB con suff. 1 s. לִבִּי in Dn 7,28) + agg. m. s. שְׁלִים "completo, integro" = con cuore integro.

TARGUM: *(e) Salma/Salmon generò* il giudice Ibsan; egli è il pio *Booz* per merito del quale gli Israeliti (lett.: il popolo, la casa di Israele) furono salvati dalla mano dei loro nemici, e per la preghiera del quale passò la carestia dalla terra di Israele; *(e) Booz generò Obed* che servì il Signore del mondo con cuore integro.

TM: *(e) Salma/Salmon generò Booz, (e) Booz generò Obed*.

4,22

ועובד אוליד ית ישי : nome pr. m. יִשַׁי (in TM forma pausale יִשָׁי) = e Obed
generò Iesse.

דמתקרי נחש : per מִתְקְרֵי "chiamato" cfr. 1,1 + nome pr. m. נָחָשׁ "Nacas"
(il termine significa "serpente" ed è il nome di un re degli Ammoniti; cfr.
1Sam 11,1) = che si chiamava/(era chiamato) Nacas.

בגין דלא אשתכחת ביה : verbo אֵשְׁכַּח "trovare" (radice שׁכח *P'al* con *Alef*
prostetica oppure *Af'el*); *Itp'el* "essere trovato, trovarsi"; perf.; 3 f. s.
אִשְׁתְּכַחַת "fu trovata" (AB הִשְׁתְּכַחַת; 5 volte in Dn; Tg a 1Sam 25,28) = per
il fatto che non fu trovata in lui.

עילא ושחיתא : sost. f. עֵילָא "colpa, causa di colpa" (עִלָּא in Dn 6,5.6) +
ו (qui וּ) + sost. f. שְׁחִיתָא "corruzione" (שְׁחִיתָה in Dn 6,5) = colpa o corruzione.

לאיתמסרא : radice מסר "consegnare, dare"; *Itpe.* "essere consegnato";
inf. לְאִיתְמְסָרָא (Tg a Ger 38,3) = per/così da essere consegnato.

בידוי דמלאכא דמותא : sost. f. יַד / יְדָא (cfr. 4,4.5) "mano", al du. (יְדַיִן in
Dn 2,34.45), con suff. 3 m. s. יְדוֹי (בִּידוֹי; forma tipica di TJ; TO יְדוֹהִי) +
sost. m. מַלְאֲכָא "angelo, inviato" (cfr. 1,6) + sost. m. מוֹת (Esd 7,26) / מוֹתָא
(TO a Gen 42,4) "morte" = nelle mani (sue) dell'angelo della morte.

למסב : per l'inf. לְמִסַּב cfr. 1,8 (TO a Dt 25,7) = per prendere.

ית נפשיה מיניה : sost. f. נַפְשָׁא "anima, vita", con suff. 3 m. s. נַפְשֵׁיה (TO a
Gen 34,3) + מִנֵּיה "da lui" = la sua anima/vita da lui.

וחיה יומין סגיאין : radice חיי (verbo חֲיָה "vivere"); *P'al*; perf.; 3 m. s. וַחֲיָה
+ sost. m. pl. יוֹמִין "giorni" (cfr. 1,1) + agg. m. pl. סַגִּיאִין "molti" (cfr. 4,15;
s. סַגִּיאָה / סַגִּי "abbondante, numeroso") = e visse molti/numerosi/lunghi
giorni.

עד דאידכר : עַד דְּ "fino a che" + radice דכר "ricordare"; *Itp'el* "essere
ricordato"; perf.; 3 m. s. אִידְּכַר (Tg a Ger 11,19; con assimilazione per
אִיתְדְּכַר) = fino a che fu ricordato (oppure: "(ci) si ricordò", con soggetto
impersonale).

קדם יהוה עיטא : sost. f. (qui m.) עֵיטָא "consiglio" (עֵטָה in Dn 2,14) =
davanti a YHWH il consiglio.

דיהב חיויא לחוה : per יְהַב "diede" (qui דִּיהַב) cfr. 4,13 + sost. m. חִיוְיָא
"serpente" + nome pr. f. חַוָּה "Eva" (EB חַוָּה) = che diede il serpente a Eva.

איתת אדם : per אִיתַּת "donna, moglie", in stato costr. cfr. 3,8 + nome pr.
m. אָדָם "Adamo" (EB אָדָם) = donna/moglie di Adamo.

למיכל מן אילנא : la forma לְמֵיכַל (TO a Gen 3,11) è inf. *P'al* di אֲכַל

"mangiare" + sost. m. אִילָנָא "albero" (Dn 4,8.11.17.20.23) = di mangiare dall'albero.

דאכלין פירוי חכימין : la forma אָכְלִין è part. *P'al* m. pl. di אֲכַל + sost. m. פֵּירָא "frutto" (Dalman 333), al pl. con suff. 3 m. s. פֵּירוֹי (cfr. פֵּירוֹהִי in TO a Gen 2,17) + agg. m. pl. חַכִּימִין "saggi, sapienti" (Dn 2,21) = che i mangianti i suoi frutti sono saggi/sono abili/sono atti.

לידע : inf. *P'al* da יְדַע "conoscere, sapere", costruito sull'imperf. יֵדַע (לִידַע per לְמִידַע, come in ebraico rabbinico l'inf. לֵידַע da יָדַע; cfr. Pérez Fernández, pp. 106 e 145) = a conoscere (distinguere).

בין טב לביש : ...ל...בֵּין... "fra... fra..." + agg. m. s. (o avv.) טָב "buono, bene" + agg. m. s. (o avv.) בִּישׁ "cattivo, male" (AB f. s. enf. K בָּאִשְׁתָא, Q בִּישְׁתָּא in Esd 4,12) = fra bene e male.

ועל ההוא עיטא : per עֵיטָא "consiglio" vedi sopra + dimostr. m. s. הַהוּא "quello" = e per quel motivo/consiglio.

אתחייבו מותא : radice חוב; *Itpa.* "essere colpevole, essere reo"; perf. 3 m. pl. אִתְחַיָבוּ (TO a Nm 17,3; il verbo seguito da מוֹתָא "morte" significa "essere reo di morte") = furono rei/colpevoli di morte.

כל דיירי ארעא : per דָיְרֵי אַרְעָא cfr. 1,1 = tutti gli abitanti della terra.

ובההיא עילא : per il sost. f. עִילָא "colpa, causa di colpa" vedi sopra + dimostr. f. s. הַהִיא (וּבְהָהִיא) "quella" = e per quel peccato.

שכיב ישי צדיקא : *P'al*; perf. 3 m. s. שְׁכֵיב = morì Iesse il pio.

הוא ישי דאוליד : nome pr. m. יְשַׁי = egli (è) Iesse che generò.

ית דוד : segno dell'acc. יָת + nome pr. דָוִד = Davide.

מלכא דישראל : sost. m. מַלְכָּא "re" (cfr. 1,1) = il re di Israele.

TARGUM: *(e) Obed generò Iesse*, chiamato Nacas, per il fatto che non si trovò in lui colpa né corruzione per (così da) essere consegnato nelle mani dell'angelo della morte per prendere la sua anima/vita (= affinché l'angelo prendesse la sua anima/vita) da lui. Visse molti giorni fino a che fu ricordato davanti a YHWH il consiglio che il serpente aveva dato a Eva, donna/moglie di Adamo, di mangiare (dai frutti) dell'albero: che coloro che mangiano dei suoi frutti sono saggi per conoscere/distinguere (= sanno come distinguere) fra il bene e il male. E a causa di quel consiglio, tutti gli abitanti della terra vennero assoggettati alla morte. E a causa di quel peccato, Iesse il giusto morì. (Costui) è *Iesse* che *generò Davide* il re di Israele.

TM: *(e) Obed generò Iesse, (e) Iesse generò Davide*.

Indice

Collana Analecta
Studium Biblicum Franciscanum - Jerusalem

73   F. MANNS, *Jérusalem, Antioche, Rome. Jalons pour une theologie de l'Eglise de la circoncision*, Milano 2009, pp. 442.

72   M. PAZZINI, *Il libro dei Dodici profeti. Versione siriaca - vocalizzazione completa*, Milano 2009, 138 pp.

71   N. CASALINI, *Parole alla Chiesa. La tradizione paolina nelle lettere pastorali*, Milano 2009, 470 pp.

70   N. IBRAHIM, *Gesù Cristo Signore dell'universo. La dimensione cristologica della lettera ai Colossesi*, Milano 2007, 240 pp.

69   L. D. CHRUPCAŁA, *The Kingdom of God. A Bibliography of 20th Century Research*, Jerusalem 2007, XLIV+873 pp.; fully indexed.

68   R. PIERRI (a cura di), *Grammatica Intellectio Scripturae*. Saggi filologici di Greco biblico in onore di Lino Cignelli OFM, Jerusalem 2006, 17x24, 386 pp.

67   N. CASALINI, *Lettura di Marco. Narrativa, esegetica, teologica*, Jerusalem 2005, 381 pp.

66   N. CASALINI, *Introduzione a Marco*, Jerusalem 2005, 303 pp.

65   A. NICCACCI - M. PAZZINI - R. TADIELLO, *Il Libro di Giona. Analisi del testo ebraico e del racconto*, Jerusalem 2004, 134 pp.

64   M. PAZZINI, *Lessico Concordanziale del Nuovo Testamento Siriaco*. Jerusalem 2004, XIX-469 pp.

63   A. M. BUSCEMI, *Lettera ai Galati. Commentario esegetico*, Jerusalem 2004, XXVI-691 pp.

62   F. MANNS, *L'Évangile de Jean et la Sagesse*, Jerusalem 2002, 316 pp.

61   L. CIGNELLI - R. PIERRI, *Sintassi di Greco Biblico. Quaderno I,A: Le concordanze*, Jerusalem 2003, 108 pp.

60   M. PAZZINI, *Il Libro di Rut. Analisi del testo siriaco*, Jerusalem 2002, 108 pp.

59   R. PIERRI, *Parole del Profeta Amos. Il libro di Amos secondo i LXX*, Jerusalem 2002, 161 pp.

58   N. CASALINI, *Le Lettere Cattoliche e Apocalisse di Giovanni. Introduzione storica, letteraria e teologica*, Jerusalem 2002, 368 pp.

57   N. CASALINI, *Teologia dei Vangeli*, Jerusalem 2002, 402 pp.

56   F. MANNS, *Le Midrash. Approche et commentaire de l'écriture*, Jerusalem 2001, 200 pp.

55   I. MOLINARO, *Ha parlato nel Figlio. Progettualità di Dio e risposta del Cristo nella lettera agli Ebrei*, Jerusalem 2001, 360 pp.

54   N. Casalini, *Le lettere di Paolo. Esposizione del loro sistema di teologia*, Jerusalem 2001, 304 pp.

53   N. Casalini, *Iniziazione al Nuovo Testamento*, Jerusalem 2001, 396 pp.

52   A. Niccacci (Ed.), *Jerusalem. House of Prayer for All Peoples in the Three Monotheistic Religions*, Jerusalem 2001, 193 pp.

51   A. Niccacci - M. Pazzini, *Il Rotolo di Rut. Analisi del testo ebraico*, Jerusalem 2001, 106 pp. Prima ristampa ETS, Milano 2008.

50   G. C. Bottini, *Giacomo e la sua lettera. Una introduzione*, Jerusalem 2000, 311 pp.

49   J. C. Naluparayil, *The Identity of Jesus in Mark. An Essay on Narrative Christology*, Jerusalem 2000, XVIII-636 pp.

48   A. M. Buscemi, *Gli inni di Paolo. Una sinfonia a Cristo Signore*, Jerusalem 2000, 200 pp.

47   E. Cortese, *Deuteronomistic Work. English translation by S. Musholt*, Jerusalem 1999, 178 pp.

46   M. Pazzini, *Grammatica Siriaca*, Jerusalem 1999, 188 pp.

45   L. D. Chrupcala, *Il Regno opera della Trinità nel Vangelo di Luca*. Jerusalem 1998, 276 pp.

44   M. Adinolfi - P. Kaswalder, *Entrarono a Cafarnao. Lettura interdisciplinare di Marco*. Studi in onore di V. Ravanelli, Jerusalem 1997, 2002[2], 306 pp.

43   A. M. Buscemi, *San Paolo: vita, opera e messaggio*, Jerusalem 1996, 335 pp. Prima ristampa ETS, Milano 2008.

42   F. Manns, *L'Israël de Dieu. Essais sur le christianisme primitif*, Jerusalem 1996, 340 pp.

41   F. Manns (Ed.), *The Sacrifice of Isaac in the Three Monotheistic Religions*. Proceedings of a Symposium on the Interpretation of the Scriptures held in Jerusalem. March 16-17 1995, Jerusalem 1995, 203 pp.; ills.

40   A. Niccacci (Ed.), *Divine Promises to the Fathers in the Three Monotheistic Religions*. Proceedings of a Symposium held in Jerusalem, March 24-25th, 1993, Jerusalem 1995, 220 pp.

39   M. C. Paczkowski, *Esegesi, teologia e mistica. Il prologo di Giovanni nelle opere di S. Basilio Magno*, Jerusalem 1996, 264 pp.

38   P. Garuti, *Alle origini dell'omiletica cristiana. La lettera agli Ebrei. Note di analisi retorica*, Jerusalem 1995, 2002[2], 439 pp.

37   G. Bissoli, *Il Tempio nella letteratura giudaica e neotestamentaria. Studio sulla corrispondenza fra tempio celeste e tempio terrestre*, Jerusalem 1994, 2002[2], XIV-239 pp.

36   F. Manns, *Le Judaïsme ancien, milieu et mémoire du Nouveau Testament*, Jerusalem 2001, 267 pp.

35 G. C. Bottini, *Introduzione all'opera di Luca. Aspetti teologici*, Jerusalem 1992, 255 pp.

34 N. Casalini, *Agli Ebrei. Discorso di esortazione*, Jerusalem 1992, 459 pp.

33 F. Manns, *L'Évangile de Jean à la lumière du Judaïsme*, Jerusalem 1991, 2000², 548 pp.

32 N. Casalini, *I misteri della fede. Teologia del Nuovo Testamento*, Jerusalem 1991, 722 pp.

31 A. Niccacci, *Lettura sintattica della prosa ebraico-biblica. Principi e applicazioni*, Jerusalem 1991, XI-264 pp.

30 N. Casalini, *Il Vangelo di Matteo come racconto teologico. Analisi delle sequenze narrative*, Jerusalem 1990, 114 pp.

29 P. A. Kaswalder, *La disputa diplomatica di Iefte (Gdc 11,12-28). La ricerca archeologica in Giordania e il problema della conquista*, Jerusalem 1990, 364 pp.

28 N. Casalini, *Libro dell'origine di Gesù Cristo. Analisi letteraria e teologica di Matteo 1-2*, Jerusalem 1990, 173 pp.

27 A. Niccacci, *Un profeta tra oppressori e oppressi. Analisi esegetica del capitolo 2 di Michea nel piano generale del libro*, Jerusalem 1989, 211 pp.

26 N. Casalini, *Dal simbolo alla realtà: l'espiazione dall'Antica alla Nuova Alleanza secondo Ebr 9,1-14. Una proposta esegetica*, Jerusalem 1989, 276 pp.

25 E. Testa, *La legge del progresso organico e l'evoluzione. Il problema del monogenismo e il peccato originale*, Jerusalem 1987, 458 pp., 74 pls.

24 A. Lancellotti, *Grammatica dell'ebraico biblico*. A cura di Alviero Niccacci, Jerusalem 1996, VIII-200 pp.

23 A. Niccacci, *Sintassi del verbo ebraico nella prosa biblica classica*, Jerusalem 1986, 127 pp.

22a F. Manns, *Jewish Prayer in the Time of Jesus*, Jerusalem 1994, 2002², XI-291 pp.

22 F. Manns, *La prière d'Israël à l'heure de Jésus*, Jerusalem 1986, 304 pp.

21 F. Manns, *Pour lire la Mishna*, Jerusalem 1984, 246 pp.

20 V. Cottini, *La Vita Futura nel Libro dei Proverbi*, Jerusalem 1984, 404 pp.

19 F. Manns, *Le symbole eau-Esprit dans le Judaïsme ancien*, Jerusalem 1983, 340 pp.

18 A. Vítores, *Identidad entre el cuerpo muerto y resucitado en Orígenes según el "De resurrectione" de Metodio de Olimpo*, Jerusalem 1981, 259 pp.

17 A. M. Buscemi, *L'uso delle preposizioni nella lettera ai Galati*, Jerusalem 1987, 119 pp.

16 G. C. Bottini, *La preghiera di Elia in Giacomo 5,17-18. Studio della tradizione biblica e giudaica*, Jerusalem 1981, 200 pp. 2 pls.

15   L. Cignelli, *Studi Basiliani sul rapporto "Padre Figlio"*, Jerusalem 1982, 128 pp.

14   B. Talatinian, *Il Monofisismo nella Chiesa armena. Storia e Dottrina*, Jerusalem 1980, 122 pp.

13   F. Manns, *Bibliographie du Judéo-Christianisme*, Jerusalem 1979, 263 pp. *Non disp*.

12   F. Manns, *Essais sur le Judéo-Christianisme*, Jerusalem 1977, 226 pp. *Non disp*.

11   F. Manns, *"La Vérité vous fera libres". Etude exégétique de Jean 8,31-59*, Jerusalem 1976, 221 pp.

10   M. F. Olsthoorn, *The Jewish Background and the Synoptic Setting of Mt 6,25-33 and Lk 12,22-31*, Jerusalem 1975, 88 pp.

9   L. Cignelli - I. Mancini - M. Brlek, *Bonaventuriana. Saggi in occasione del VII centenario della morte di S. Bonaventura*, Jerusalem 1974, 159 pp.

8   G. Giamberardini, *Il culto mariano in Egitto*. Vol. III. Secolo XI-XX, Jerusalem 1978, 487 pp.; 24 pls.

7   G. Giamberardini, *Il culto mariano in Egitto*, Vol. II. Secolo VII-X. Jerusalem 1974, 432 pp.; ills.

6   G. Giamberardini, *Il culto mariano in Egitto*, Vol. I. Secolo I-VI. Jerusalem 1975, 330 pp.; 24 pls.

5   M. Miguéns, *El Pecado que entró en el mundo. Reflexiones sobre Rom. 5,12-14*, Jerusalem 1972, 138 pp.

3   E. Testa, *Il Peccato di Adamo nella Patristica (Gen. III)*, Jerusalem 1970, 217 pp.

2   M. Miguéns, *El Paráclito (Jn 14-16)*, Jerusalem 1963, 277 pp.

1   A. Lancellotti, *Grammatica della lingua accadica*, Jerusalem 1962, 1995[2], XVI-194 pp.; 43 pp. testi accadici.